Das AntWort

*

Anton Brüschweiler

Das AntWort

Die Wahrheit des Absurden

edition

ZE!TPUNKT

Anton Brüschweiler

Das AntWort – die Wahrheit des Absurden

1. Auflage 2018

ISBN: 978-3-9523955-7-8

Wiedergabe oder Vervielfältigung dieses Werks oder Teile davon in irgendeiner Form nur mit schriftlicher Genehmigung des Verlags.

Satz: Zeitpunkt, Solothurn

Illustrationen: Lukáš Machata, machata.ch

Foto S. 105: Peter Mosimann

Korrektorat: Martina Späni

Printed by Finidr, CZ-Český Těšín, Tschechien

© 2018 edition Zeitpunkt und Anton Brüschweiler

Werkhofstr. 19, CH-4500 Solothurn, Schweiz, edition.zeitpunkt.ch

Inhalt

Die Haare der Hure

Ich muss Sie gleich zu Beginn enttäuschen: In diesem Buch kommen keine Hurenhaare vor. Schon mit der ersten Überschrift habe ich Sie also knallhart reingelegt. Aber seien wir ehrlich: Wer würde heutzutage noch ein Vorwort lesen, das tatsächlich mit «Vorwort» überschrieben ist? Und das hier ist nämlich ein Vorwort. Die Tatsache, dass Sie es lesen, zeigt, dass mein Hurenhaaretrick funktioniert hat.

Sie werden in diesem Buch, falls Sie jetzt trotz dieser ersten Enttäuschung tatsächlich weiterlesen, zwar äusserst haarige Geschichten entdecken, aber Huren sucht man vergeblich. Man weiss ja eh, wo man sie findet. Trotzdem finde ich «Die Haare der Hure» eine einladende Überschrift. Übrigens eine Art Stabreim, auf den ich sicher stolz sein kann.

Doch nun zu den Warnhinweisen: Dieses Buch ist für labile, ungemittete Personen absolut ungeeignet. Der Inhalt birgt für die Leserinnen und Leser die Gefahr, verrückt zu werden! Doch so tragisch ist das nun auch wieder nicht. Denn eigentlich sind wir ja alle schon längst ver-rückt. Die ganze Welt ist entgleist. Irgendwo auf unserem Weg vom Holozän zur Gegenwart haben wir den Verstand verloren. Gnadenlos sind wir dem eigenen und dem Wahnsinn der Welt ausgeliefert. Dabei ist die Realität oft absurder, als es sich die menschliche Phantasie je ausdenken könnte. Und genau davon handelt dieses Buch: Von der Wahrheit des Absurden.

Ebenso seltsam wie unsere Welt ist die Geschichte, wie diese Kolumnen entstanden sind: Eines Tages las ich eine geniale Kolumne in der Zeitung. Ich war so begeistert, dass ich mir selbst eine Kolumne ausdachte. Zwei Wochen später rief mich der Chefredaktor der «Wochenzeitung für das Emmental und Entlebuch» an. Er fragte mich, ob ich für ihre wöchentlich erscheinende Publikation Kolumnen schreiben wolle. Ein Traum wurde wahr, ich willigte sofort ein. Ob Sie es glauben oder nicht, genau so war das damals. Ich schwöre es bei den Haaren der Hure. Während zehn Jahren heckte ich nun in regelmässigem Abstand immer neue Geschichten aus. Eine grosse Leidenschaft entstand. An-

Dieses Buch ist absolut ungeeignet für labile, ungemittete Personen. Der Inhalt birgt die Gefahr, verrückt zu werden!

fänglich vermutete ich, dass ich wegen meiner haarsträubenden Geschichten spätestens nach drei Monaten gefeuert würde. Aber ich wurde eines Besseren belehrt. Immer wieder erreichten mich Postkarten und kurze Briefe, in denen Leserinnen und Leser eine gewisse Zuneigung ausdrückten. Ganz rührig und nicht mehr aus meinem Leben wegzudenken ist auch – nennen wir ihn mal – Herr X, mit dem ich in regem Mailkontakt stehe. Bei gefühlt jeder zweiten Kolumne spinnt Herr X meine Geschichte weiter oder gibt ihr ein anderes Ende. Ganz anders die Reaktion von Leserin Y, die mich an einem Dorffest angesprochen hat mit den Worten: «Ich lese ihre Kolumnen immer, aber ich habe noch nie verstanden, was sie damit sagen wollen.»

Eingefleischte Leserinnen und Leser forderten mich immer wieder dazu auf, die Geschichten gesammelt als Buch herauszugeben. Diesem Wunsch kann nun entsprochen werden: Christoph Pfluger, Mastermind und Chefredaktor der wohl einzigen wirklich unabhängigen schweizerischen Publikation «Zeitpunkt», liess sich sofort von der Idee begeistern. Während Jahren hatte er immer wieder einzelne Geschichten als Zweitabdruck im «Zeitpunkt» publiziert. Ihm und seiner intelligenten, kritischen und motivierenden Art ist es zu verdanken, dass dieses Buch nun in dieser Form vorliegt. Ich bin ihm zu unendlichem Dank verpflichtet!

Ebenso möchte ich an dieser Stelle zwei Freunden herzlich danken, die mein Leben seit vielen Jahren bereichern: Lukáš Machata begnadeter Grafiker, hat schon mehrere meiner CD-Covers gestaltet und nun auch dieses Buch auf seine unverwechselbare, witzige, freche Art illustriert. Peter Mosimann, vielgefragter, weitgereister Fotograf und gewiefter Geschichtenerzähler, hat mit unendlicher Geduld viele meiner Bands treffend abgelichtet und mich nun auch beim vorliegenden Buch fotografisch in Szene gesetzt.

Abschliessend möchte ich Ihnen folgenden Rat auf den Weg geben: Lassen Sie sich durch dieses Buch nicht verrückter machen, als Sie es eh schon sind.

Sind Sie ausreichend versichert?

Gegen Ende des Jahres lohnt es sich, den Versicherungs-schutz seriös zu überprüfen. So viele Gefahren und Risiken bedrohen uns! Doch zum Glück gibt es gegen praktisch alles Unvorhergesehene eine passende Versicherung.

So habe ich neben der obligatorischen Krankenversi-cherung und der Hausratversicherung schon seit Jahren eine Versicherung gegen unsympathische Tischnachbarn in Restaurants abgeschlossen. Stellen Sie sich vor, Sie haben einen freien Abend und wollen Ihr sauer verdientes Geld in ein wunderbares, genussvolles Nachtessen in ihrer Lieblingsbeiz investieren und werden dann vom Kellner an den Tisch gesetzt, an dem bereits Ihre Dentalhygienikerin sitzt, die Sie bei jedem Bissen über die zahnschädigenden Wirkungen der Nahrung aufklärt.

Gegen solche Unbill des Lebens muss man sich einfach versichern können. Für ganz wichtig erachte ich auch alle sogenannten Rechtsschutzversicherungen. Gerichts- und Anwaltskosten können schon beim banalsten Ereignis as-tronomische Summen verschlingen. Und wir leben nun mal in einer Zeit, wo man/frau wegen der nichtigsten Ursachen prozessiert. So ging ich kürzlich mit meinem afghanischen Hirtenhund in die Sauna und hatte danach prompt einen Prozess am Hals. Nicht etwa, wie der geneigte Leser, die geneigte Leserin erwarten würde, aus Tierschutzgründen wegen der hohen Temperaturen. Eine solche Klage wäre sowieso chancenlos gewesen, da afghanische Hirtenhunde in wüstenähnlicher Umgebung noch viel höhere Temperaturen gewöhnt sind. Nein, ich wurde angeklagt, weil ein Saunagast behauptete, mein afghanischer Hirtenhund habe Mundgeruch, was sein Saunavergnügen auf empfindliche Art und Weise schmälere.

Ich habe natürlich darauf sofort eine Gegenklage wegen Verleumdung eingereicht. Die Behauptung, dass mein afghanischer Hirtenhund aus dem Mund stinke, lasse ich sicher nicht auf mir sitzen. Ich bin auch sicher, dass ich Recht bekommen werde, zumal es schwierig sein wird, Mundgeruch überhaupt verbindlich zu definieren.

Vorausschauend war es auch, dass ich mich schon letzten Frühling gegen Finanzkrisen jeder Art versichern liess.

Eine weitere, für mich als Gitarrist äusserst wichtige Versicherung, habe ich vor zwei Monaten abgeschlossen: eine Versicherung gegen sich verstimmende Gitarren. Sollte sich meine Gitarre während eines Konzertes verstimmen, so wird dem Publikum der volle Eintrittspreis zurückerstattet.

Doch die wirklich wertvollste aller Versicherungen werde ich morgen Nachmittag abschliessen: eine Versicherung gegen unnötige Versicherungen.

Ich brauche
Ihre Hilfe!

Mein Freund Manuel scheint es zu wissen. Er sagt: «Schau Anton, wir werden doch alle immer und überall verarscht. Was meinst du zum Beispiel, wohin unsere immer höheren Krankenkassenprämien hinfliessen? Da wird von irgendwelchen Pharmamillionären kräftig Kohle abgezweigt!» So ging es an diesem Abend weiter und weiter. Immer wieder hatte Mänu ein Beispiel zur Illustration, dass wir von irgendeiner Mafia verarscht und hintergangen würden.

Ein Beispiel prägte sich mir besonders ein: Mänu behauptete, die Elektrizitätswerke hätten eine teuflische Verschwörung mit den Kühlschrank-Herstellerfirmen ausgeheckt. Mittels Bestechungsgeldern hätten sie diese dazu gebracht, ihre Geräte so zu konstruieren, dass das Innenlicht der Kühlschränke beim Schliessen der Türe nicht erlischt. Sinn und Zweck der ganzen Verschwörung sei die Erhöhung des Stromverbrauchs. Mitten in der Nacht kam mir diese Geschichte wieder in den Sinn und ich konnte nicht mehr einschlafen, nein: Ich musste es einfach wissen. Im Pyjama schlich ich in den Keller, holte die Bohrmaschine, montierte den längsten Bohrer und begann die Kühlschranktüre zu durchbohren, um zu sehen, ob bei geschlossener Türe im Kühlschrank wirklich das Licht brannte.

Plötzlich stand meine Frau neben mir, die durch den Bohrlärm geweckt worden war, und fragte mich, was ich da tue. «Die neue Bohrmaschine testen», antwortete ich.

Ich brauchte sicher fünfzehn Minuten, um die Türe zu durchbohren, und das Resultat fiel ernüchternd aus: In meinem Kühlschrank war es dunkel. Aber das sagt natürlich noch nichts Verbindliches über Mänus Komplott-Theorie aus. Vielleicht ist ja gerade die Firma Bauknecht, die meinen Kühlschrank hergestellt hat, als einzige Firma nicht an der Verschwörung beteiligt.

Ich brauchte sicher fünfzehn Minuten, um die Türe zu durchbohren, und das Resultat fiel ernüchternd aus: In meinem Kühlschrank war es dunkel.

Damit wir diese betrügerischen Machenschaften aufdecken können, braucht es nun breit abgestützte, verlässliche Daten. Und deshalb, liebe Leserin, lieber Leser, brauche ich Ihre Hilfe! Bitte bohren auch Sie ein Loch in Ihre Kühlschranktüre und teilen Sie mir mit, ob das Licht im Innern brennt oder nicht. Nur wenn sich möglichst viele Leserinnen und Leser an dieser Aktion beteiligen, können wir allenfalls diesen Ganoven das Handwerk legen.

Bandauflösung «No Problem Blues Band»

Es liegt mir fern, in aller Öffentlichkeit dreckige Wäsche zu waschen, aber ich denke, unsere Fans haben ein legitimes Recht zu erfahren, was mit unserer Band geschehen ist. Deshalb muss ich Ihnen leider mitteilen, dass wir die «No Problem Bluesband» wegen Problemen aufgelöst haben.

Zusammen mit Lüku (Bass), Reto (Bluesharp) und Sändu (Drums) gründeten wir vor neun Jahren die Band. Zuerst probten wir zwei Jahre ohne Sängerin, dann brachte Reto seine singende Freundin Irène ins Spiel. Als Reto dann mal in den Militärdienst musste und wir trotzdem probten, wusste Lüku nichts Besseres, als mit Irène auf dem Übungsraumsofa herumzuknutschen. Er war wahrscheinlich schon lange scharf auf sie. Seither sind die beiden ein Paar. Das kam natürlich bei Reto gar nicht gut an. Zuerst wollte er die Band verlassen, aber er blieb, um uns nicht zu zerstören, was wir im hoch anrechneten.

Zu den Highlights der Bandgeschichte gehört unter anderem unser Auftritt am Fussball-Grümpelturnier Niederried, wo allerdings Lüku von einem Ball getroffen wurde. Ich glaube, er hat sich nie mehr richtig von diesem Schlag erholt. Der absolute Höhepunkt war aber der Gig an der Eröffnung der Volg-Filiale in Hinterengstringen. Ein kleines Mädchen wollte nach dem Konzert sogar ein Autogramm von Irène. Ein Zettel war schnell zur Hand. Was aber fehlte, war ein Filzstift. So ging Irène kurzerhand in den neu eröffneten Volg und kaufte sich einen ziemlich teuren Filzstift. So weit, so gut. Nun bestand aber Irène darauf, dass ihr dieser Filzstift von der Bandkasse bezahlt werde. Das sorgte vor allem bei Sändu für böses Blut. Ich glaube, er war grundsätzlich schon hässig, weil er aus Platzmangel sein Schlagzeug hinter dem Altglascontainer aufstellen musste und somit für das Publikum gar nicht sichtbar war. Bei der darauffolgenden Krisensitzung war Lüku natürlich auf der Seite seiner Freundin Irène. Reto und ich waren aber schon lange sauer auf Diva Irène, da sie nie beim Abräumen der Anlage half. Nur weil sie eine Frau ist und ein bisschen singen kann, heisst das noch lange nicht, dass sie mehr Rechte hat als die übrigen Bandmitglieder. Zudem gehörte sie ja nicht mal zu den Gründungsmitgliedern. Sie ist sowieso eine eingebildete Kuh! Aber bitte sagen Sie es ihr nicht, dass ich das hier geschrieben habe. Ich griff dann auch noch Lüku an, weil er immer meine Batterie aus dem Stimmgerät klaute. Danach gab es einen riesigen Streit und wir lösten die Band auf. Es ist einfach auch schade für die neue Anlage im Wert von 22795.– Franken, welche wir letztes Jahr angeschafft haben. Jetzt haben wir nur noch eines: den Blues.

Wohin mit meinem Geld?

Vor drei Jahren ereilte mich aus den USA die Nachricht, dass Onkel Heinz 97-jährig verstorben sei.

Ehrlich gesagt, wahnsinnig traurig war ich nicht über diese Nachricht, hatte ich doch Onkel Heinz nie gekannt.

Da Onkel Heinz selbst keine Familie hatte, war ich der einzige noch lebende Verwandte und somit der Alleinerbe. Nach Abzug der Erbschaftssteuer wurde mir die relativ beachtliche Summe von 6,7 Milliarden Dollar überwiesen. Man muss dazu wissen, dass Onkel Heinz das weltbekannte Heinz-Tomato-Ketchup erfunden hatte. Bei seinem Tod beschäftigte sein Weltkonzern rund um den Globus über 65 000 Mitarbeiterinnen und Mitarbeiter.

Ob Sie es glauben oder nicht, als ich die 6,7 Milliarden erhielt, fühlte ich mich etwas befremdet und bedrückt. Da müht man sich ein Leben lang ab und ist froh, wenn man am Ende des Monats die Rechnungen bezahlen kann – und plötzlich hat man 6,7 Milliarden in den Taschen.

Noch verschärfend auf das Problem des vielen Geldes wirkte sich meine ebenfalls zu diesem Zeitraum begonnene Leidenschaft des Lottospielens aus. Meine hellsichtige Ader führt dazu, dass ich die sechs Richtigen immer im Voraus weiss.

Diese Ader habe ich übrigens von Grosstante Ida: Sie konnte immer die Härte der vergangenen Winter voraussagen.

Obwohl es sich bei den Lottogewinnen um vergleichsweise lächerliche Summen zwischen einer halben und zwei Millionen handelt, begann mich mein unermesslicher Reichtum immer mehr zu belasten. Umso mehr, als ich mir irgendwann all das angeschafft hatte, von dem ich je träumte. Irgendeinmal kam ich an den Punkt, an dem ich einfach alles besass, was ich je besitzen wollte.

Auf stundenlangen Spaziergängen mit meinem afghanischen Hirtenhund überlegte ich mir krampfhaft, was ich mir noch anschaffen könnte. Doch sobald mir etwas in den Sinn kam, musste ich zu Hause enttäuscht feststellen, dass ich dieses Ding bereits besass.

Weil mich das viele Geld immer mehr belastete, habe ich vor zwei Monaten begonnen, jeden Abend ein paar Tausendernoten aus dem Fenster zu schmeissen.

Vielleicht, liebe Leserin, lieber Leser, kommt ja Ihnen noch etwas in den Sinn, was ich mit meinen Milliarden anfangen könnte. Bitte nehmen Sie in diesem Fall mit mir Kontakt auf. Jedenfalls möchte ich endlich nicht mehr alleine im Lotto gewinnen und gebe deshalb (mit Gewähr) die Zahlen der nächsten Ziehung bekannt: 5, 7, 13, 24, 27 40.

Anmerkung:

Diese Kolumne löste einen unglaublichen Wirbel aus. Mein Ziel war es, mit viel Ironie den übermässigen Stellenwert, welcher das Geld in unserer Gesellschaft hat, auf die Schippe zu nehmen. Ich konnte mir überhaupt nicht vorstellen, dass irgendjemand den Inhalt für bare Münze nehmen konnte. Doch ich wurde eines Besseren belehrt: Kaum war die Kolumne erschienen, lief mein Telefon heiss. Ein Mann bettelte darum, dass ich ihm die Lottozahlen der übernächsten Ziehung bekannt gebe. Ein Vater wollte 100 000 Franken für seinen Sohn, der einen grossen Frisörladen eröffnet hatte und der nur zu einem Viertel ausgelastet sei. Nach wenigen Stunden hatte ich genug und schaltete den Anrufbeantworter ein. Dieser wurde nun von zahlreichen Menschen besprochen, welche die grosse Chance witterten, endlich auf einfache Weise zum grossen Geld zu kommen. Die Leute waren sich oft nicht zu schade, gleich noch auf umständliche Weise ihre ganzen Kontoverbindungen auf das Band zu sprechen. In den folgenden Tagen erhielt ich zudem viele Bettelbriefe und Spendenvorschläge per Post. Ein Journalist des Tagesanzeiger-Ablegers «Das Magazin» wurde auf die Geschichte aufmerksam. Er schrieb eine sechsseitige Reportage über mich, mit dem reisserischen Untertitel «Wie ein Anarchist aus der Stadt zum Freund der Bauern wird». Nun meldete sich sogar das Schweizer Fernsehen und ich wurde in die Talkshow «Aeschbacher» eingeladen.

Kaum war die Kolumne erschienen, lief mein Telefon heiss. Ein Mann bettelte darum, dass ich ihm die Lottozahlen der übernächsten Ziehung bekannt gebe.

Jassen

Leider bin ich weder hellsichtig, noch besitze ich sonst irgendwelche übersinnlichen Fähigkeiten. Abgesehen von einer kleinen Ausnahme: Ich kann mit Toten jassen. Schon früh entdeckte ich diese aussergewöhnliche Fähigkeit. Ich muss mich einfach schnell in Trance versetzen und nach kürzester Zeit melden sich drei Tote, die mit mir einen flotten Schieber spielen wollen. Gestern zum Beispiel spielte ich mit Osama bin Laden gegen Saddam Hussein und Muammar al Gaddafi. Um es gleich vorwegzunehmen: Saddam ist ein miserabler Jasser! Dauernd verspielt er Böcke, da er nie auf das Fortwerfen der Gegenfarbe seines Partners achtet. Deshalb war ich natürlich auch sehr froh, dass ich per Kartenziehen Osama zugeteilt wurde.

Was niemand erwarten würde: Bin Laden ist ein ausgezeichneter Jasser. Wenn er nicht schon tot wäre, man müsste ihm unbedingt das Schweizer Bürgerrecht geben. Er hat dieses beim Jassspiel so wichtige magische Etwas, diese trotz langem Bart gut lesbare Mimik, die bei Jasspartnern oft für den Erfolg entscheidend ist.

Ganz anders Gaddafi: Wie während seines Lebens, versucht er immer zu schummeln. So behauptet er beim Auszählen immer, er habe den letzten Stich gemacht, was natürlich nicht stimmte. Überhaupt hat man bei ihm den Eindruck, er habe das Jassspiel noch gar nicht recht begriffen. Es war somit auch nicht erstaunlich, dass Bin Laden und ich haushoch gegen Gaddafi und Hussein gewannen.

Viel interessanter als der Ausgang des Spiels waren aber die Bemerkungen meiner Jasspartner während der Spielpausen. Osama etwa beklagte sich andauernd, dass er als Terrorist im Ruhestand erschossen wurde. Er sei doch zu diesem Zeitpunkt vollkommen friedlich gewesen und habe nur ein Altershilfswerk für pensionierte Terroristen aufbauen wollen. Gaddafi wiederum fragte mich mehrmals, woher ich komme. Immer wieder antwortete ich: «Aus Gysenstein.» Offensichtlich glaubte er, Gysenstein sei ein eigenes Land, denn wiederholt murmelte er: «Gysenstein ist ein gutes Land, aber die Schweiz sollte man abschaffen.» Am meisten nervte aber Saddam, der uns dauernd fragte, ob wir Lust hätten, mit ihm eine Joghurt-Spielgruppe zu gründen. Zusammenfassend kann ich sagen: Mit Toten zu jassen kann recht nervig sein, und ich finde es frustrierend, dass gewisse Tote noch dementer sind, als sie es im Leben schon waren.

Vier Jahre abgemeldet

Ich habe eine natürliche Abneigung gegen Überfluss und Verschwendung. In einer Zeit, in der die Ressourcen immer knapper werden, gibt es nur eine Devise: haushälterisch mit dem Vorhandenen umgehen, unter anderem zuerst einmal alle Vorräte aufbrauchen, bevor man sich mit neuen Dingen eindeckt. Aber bevor ich andere kritisieren kann, muss ich vor der eigenen Türe wischen:

Zuerst werde ich mal meine gesamte Musikbibliothek auf meiner Festplatte durchhören. Es sind dies 17 374 Titel. Die gesamte Hördauer für dieses Unterfangen beträgt laut dem Programm iTunes 38,7 Tage. Da ich aber auch immer wieder ein paar Stunden schlafen muss, wird das systematische Anhören der ganzen Sammlung fast zwei Monate dauern.

Anschliessend werde ich alle meine 1957 Freunde, die ich auf Facebook «besitze», einmal persönlich besuchen. Denn was bringen mir Freunde, wenn ich sie nicht auch ab und zu real treffe? Diese Besuchstage werden mich ein Jahr, zwei Monate und drei Tage beanspruchen.

Damit ist es aber mit Reisen noch lange nicht Schluss: Auf meinem Büchergestell stapeln sich die Wanderführer. Da viele meiner Freunde wissen, dass ich gern wandere, aber nicht ahnen, dass ich in den letzten Jahren wegen chronischer Überbeschäftigung nie dazu kam, ist dies ein beliebtes Geburtstagsgeschenk. Mindestens zwei Wanderführer werde ich somit komplett durchwandern.

Geschätzter Zeitaufwand: eineinhalb Jahre. Danach will ich endlich mal alle Fotos auf meiner Harddisk sichten. In den letzten zehn Jahren haben sich da über fünf Tausend angesammelt. Ich werde sie sortieren, die unscharfen aussortieren und die besten ausdrucken lassen. Die ausgedruckten Fotos (ca. 900) werde ich dann erneut sortieren und in verschiedene Fotoalben kleben. Geschätzter Zeitaufwand hier: drei Monate.

Ich werde alle meine 1957 Freunde auf Facebook einmal persönlich besuchen. Denn was bringen mir Freunde, wenn ich sie nicht auch ab und zu real treffe?

Da sich im Laufe der Jahre, in denen ich all diese Arbeiten erledige, wieder neue Musik, Fotos und Wanderbücher ansammeln werden, müssen diese Sachen danach während ca. 16 Monaten aufgearbeitet werden.

Dank unserer schönen neuen Welt des Überflusses werde ich mich also insgesamt für gut vier Jahre vom normalen Alltagsleben abmelden.

Bis bald.

Wie doof sind
Sie eigentlich?

Wie doof müssen Menschen sein, die all den Bullshit glauben, den uns die geheime Weltregierung dauernd vorzugaukeln versucht? Leute, die tatsächlich daran glauben, dass sich die Erde um die Sonne dreht? Dies, obwohl jeder Mensch täglich beobachten kann, wie die Sonne auf- und untergeht, sich also um die Erde dreht. Es ist auch völlig klar, warum die geheime Weltregierung eine solch absurde Theorie verbreitet: Sie will überprüfen, wie manipulierbar die Menschen sind. Und die meisten Menschen sind eben voll doof und manipulierbar!

Da gibt es doch tatsächlich immer noch Leute, die daran glauben, dass die Amis auf dem Mond waren. Dabei reicht es, sich diese Videos über die Mondlandung ein bisschen genauer anzusehen: Jeder Laie wird erkennen, dass das alles in einem überdimensionalen Sandkasten gedreht wurde, in irgendeinem Filmstudio in Hollywood. Schauen Sie sich einmal die Stelle um zwei Minuten und drei Sekunden genauer an: Da lacht Neil Armstrong voll in die Kamera! Den tötet es doch fast vor Lachen ob dieser lächerlichen Szenerie im Filmstudio! Die ganze «Amis-auf-dem-Mond-Geschichte» war natürlich nur ein Promo-Gag, um den Russen technologischen Fortschritt vorzugaukeln.

Ähnlich verhält es sich mit der angeblichen Erschiessung des Drogenbarons Pablo Escobar durch eine US-amerikanisch-kolumbianische Eliteeinheit. Die Story ist gut und recht, aber können Sie mir erklären, warum ich Pablo Escobar vergangenen Dienstag in einem Langnauer Einkaufszentrum beim Kauf von Wollsocken beobachtet habe? Und wer kann mir erklären, warum mir unsere Katze in die entlegensten Winkel unseres Hauses folgt, obwohl Katzen eigentlich überhaupt nicht anhänglich sind?

Leute, wie naiv seid Ihr eigentlich? Öffnet mal die Augen! Die Katzen sind natürlich ferngesteuert. Die haben unsichtbare Kameras in den Augen, die alles per Funk übertragen! Oder schütten Sie mal am Morgen gute alte amerikanische Cornflakes in die Milch und beobachten Sie genau, was abgeht! Sie werden feststellen, dass sich alle Cornflakes koordiniert auf Ihr Gesicht richten! Zwanzig Augen beobachten Sie gleichzeitig! Nanotechnologie und Geheimdienst lassen grüssen! Die Spionage dauert rund um die Uhr! Und wahrscheinlich gibt es immer noch so beschränkte Leute, die glauben, dass dieser Text von einem gewissen Anton Brüschweiler aus Gysenstein geschrieben wurde. Gehen Sie mal googeln: Weder der A. Brüschweiler noch Gysenstein existieren! Alles klar?

Ich will mein AKW

Schon als Bub war ich von Atomkraftwerken total faszi-
niert. Sie sind sauber, schön und machen keinen Lärm.
Und nun wollen die plötzlich alle meine geliebten AKWs
abstellen. Und das nur, weil es da in Japan bei einem total
abgelegenen AKW ein paar kleine Probleme gegeben hat. Da
muss man einfach unterscheiden: Das war in Japan, doch
wir sind hier in der Schweiz, und wir haben das alles im
Griff. Nehmen wir zum Beispiel unser AKW in Mühleberg.
Das hat sich 40 Jahre lang bewährt. Das wird sich auch noch
weitere 100 Jahre bewähren. Immer wieder wird gesagt, die
oberhalb des AKWs liegende Staumauer sei eine Gefahr
für das AKW. Das Gegenteil ist der Fall: Sollte es nämlich
wirklich einmal zu einem GAU in Mühleberg kommen, so
könnte man die Staumauer oberhalb des AKWs sprengen
und alle radioaktiven Teilchen würden mit der Flut via Aare
und Rhein ins Ausland transportiert. Der Schweiz würde
also überhaupt nichts passieren.

Ich plädiere sowieso für viele kleine dezentrale AKWs.
So gäbe es überall neue Arbeitsplätze. Der Viehmarktplatz
in Langnau oder der Platz vor der Kirche in Schüpfheim
wären ideale Standorte. Vor zwölf Jahren habe ich zudem
den AKW-Fan-Club Gysenstein gegründet. Ziel des Clubs
ist es, auf dem Schulhausplatz von Gysenstein ein kleines
AKW zu bauen.

Für alle drei Standorte habe ich Baubewilligungen
eingereicht. Aber es wird natürlich Jahre dauern, bis man
etwas von den Behörden hört. Doch so lange mag ich

nicht mehr warten. Ich habe deshalb ohne Bewilligung angefangen, mir mein eigenes kleines AKW im Keller zu bauen. Lüku, ein alter Kollege von mir, hat mal eine Lehre als Chemielaborant begonnen und der konnte mir ein paar Plutonium-Brennstäbe ausleihen. Nun bin ich damit am Experimentieren. Und ich kann Ihnen versichern: Was die hysterischen Grünen da von gefährlicher Strahlung fantasieren, stimmt überhaupt nicht. Ich habe weder Strahlen gesehen, noch habe ich je etwas Verdächtiges gerochen. Einzig die grosse Hitze im Keller ist etwas mühsam. Meine Frau muss die ganze Nacht über mit dem Wasserschlauch die Brennstäbe kühlen, damit es nicht zu heiss wird. Falls Sie bei Ihnen zu Hause auch ein AKW einbauen möchten, bin ich Ihnen gern behilflich. Und ich bin felsenfest davon überzeugt: Sogar Gott würde AKWs bauen.

Ich habe weder Strahlen gesehen, noch habe ich je etwas Verdächtiges gerochen. Einzig die grosse Hitze im Keller ist etwas mühsam.

***

Hier möchte ich gerne mal den im Vorwort erwähnten Leser Herr X, der zahlreiche meiner Kolumnen kommentiert und weitergesponnen hat, zu Wort kommen lassen:

Lieber Anton

Ich bin genau Ihrer Meinung. Man sieht wieder einmal, wie kurzfristig die heutige Bevölkerung handelt. Jetzt, im Zeitalter der Zentralisierung von Schulen, Spitälern etc., wäre es sinvoller und rentabler, Gross-AKWs zu bauen, vielleicht aber eher im Raum Zürich oder so, oder aber

Mini-AKW-Anlagen für jeden Haushalt. Ihre Anregung des dezentralisierten AKW-Baus hat mich aber überzeugt. Ich habe gleich den Schutzraum (bislang Weinkeller) für mein persönliches AKW bestimmt. Bereits habe ich alle Wände und die Decke mit Spiegelglas ausgekleidet, damit allfällige flüchtige Strahlen in das Brennelementbecken zurückgestrahlt werden. Für die Kühlung der Brennstäbe setze ich den Kühlschrank ein, in welchem ich kürzlich für einen Lichttest ein Loch in die Türe gebohrt habe. Damit die Sicherheit absolut gewährleistet ist, werde ich im Entlüftungsrohr einen hufeisenförmigen Magneten einsetzen, der allfällig streunende Strahlen noch auffangen wird. Vor dem Lüftungsrohr, das ins Freie führt, setzte ich noch ein sog. Gammastrahleninstationskastendosimeter ein, damit ich die Reststrahlung immer im Griff habe.

Als ehemaliger Schnapsbrenner verfüge ich ja über genügend Wissen. Leider fehlen mir noch die Brennstäbe – könnten Sie mir mit einigen aushelfen?

Mit freundlichen Grüssen

Herr X

NB: Dem AKW-Fan-Club würde ich auch gern beitreten.

100 Spartipps

Zu allererst: die besten Wünsche zum neuen Jahr!

Wie Sie bestimmt bemerkt haben, befinden wir uns schon mitten im Januar und der besteht bekanntlich aus einem Loch: dem Januarloch.

Kaum ist Weihnachten mit den ganzen Auslagen für die teuren Geschenke vorbei, ist es auch schon Januar und alle Jahresprämien der Versicherungen, Autosteuern und Nebenkostenabrechnungen werden auf einen Schlag zur Zahlung fällig. Daraus resultiert nun das berühmte Januarloch: leere Kassen und lange Gesichter, wohin man schaut.

Was ist also naheliegender, als Ihnen, liebe Leserin, lieber Leser, hundert raffinierte Spartipps zu geben. Wenn Bund, Kanton und Gemeinden nichts mehr anderes tun, als sich reich zu sparen, warum sollten wir das als Privatpersonen nicht auch schaffen? Ich bin nämlich davon überzeugt, dass wir Menschen ein riesiges Sparpotential besitzen, das wir überhaupt nicht ausschöpfen. Dabei können wir nicht nur unsäglich viel Geld sparen, nein, wir können in unserem Leben auch unglaublich viel Zeit sparen. Und da Zeit bekanntlich Geld ist, haben wir damit auch Geld gespart.

Hier nun endlich meine 100 Spartipps:

1. Falls Sie den Weihnachtsbaum noch nicht weggeräumt haben, so lassen Sie ihn stehen. Sparen Sie sich den Geld- und Zeitaufwand eines alljährlich neuen Baumes, schon in elf Monaten ist wieder Weihnachten.

2. Gehen Sie im Pyjama zur Arbeit. Es ist eine unsinnige Zeitverschwendung, sich am Morgen das Pyjama auszuziehen, wenn Sie es am Abend ja doch wieder anziehen müssen.

3. Lassen Sie sich so schnell wie möglich ein Gebiss anfertigen. Was macht es für einen Sinn, sechzig Jahre lang horrende Zahnarztrechnungen zu bezahlen und sich von unzähligen Dentalhygienikerinnen anschnauzen zu lassen, wenn Sie am Ende trotzdem ein Gebiss benötigen?

4. Bestellen Sie zwei Tonnen WC-Papier. Diese Menge werden Sie bei einer durchschnittlichen Lebenserwartung verbrauchen. Es winken saftige Mengenrabatte.

5. Ziehen Sie noch heute in ein Altersheim. Es ist absolut unsinnig, zehn- bis zwanzigmal im Leben unter enormen Strapazen und finanziellen Aufwänden umzuziehen, wenn Sie am Ende ja doch in einem Altersheim landen.

Spartipp Nummer 6–100: Da auch ich bemüht bin, im Januar haushälterisch mit meinen Ressourcen umzugehen, ist dieser Text leider vorzeitig zu ...

Wer kennt dieses Lied?

Ich weiss, es gehört sich nicht, Kolumnen zu persönlichen Zwecken zu missbrauchen. Aber es gibt da in meinem Leben ein Anliegen, eine Sehnsucht, ein Leid – ja Leid ist der richtige Ausdruck –, unter dem ich nun schon jahrzehntelang leide. Und genau aus diesem Grund schreibe ich nun diesen Text: Vielleicht können Sie mir helfen, mein Problem zu lösen. Worum geht es?

Ich vermisse ein Lied – mittlerweile seit dreissig Jahren! Es ist das beste Lied, das ich je gehört habe, der absolute Hammer. Schon die erste Strophe ist so verheissungsvoll: Eine sehnsuchtsvoll klingende Stimme, die Melodie geht etwas rauf, um kurz danach wieder runter zu gehen – verstehen Sie, wie ich meine? Leider kann ich nicht mehr genau sagen, ob das Lied von einem Mann oder von einer Frau gesungen wurde, aber im zweiten Teil macht das Schlagzeug «ram tätschä pum», das weiss ich noch genau. Wer das einmal gehört hat, vergisst das nie mehr.

Im Refrain singt der Sänger (oder war es eine Sängerin?) dann irgend so was mit «yeah, yeah», und dann setzen die Background-Sängerinnen mit einem langen «... oooh» ein. Leider kann ich nicht mehr sagen, in welcher Sprache das Lied gesungen wird; ich glaube, es war Deutsch oder Englisch.

Sie werden sich vielleicht fragen: Warum ist ihm genau dieses Lied so wichtig, wenn es doch Millionen von Liedern gibt? Sehen Sie, für mich ist das eben ein spezielles Lied. Ich war verliebt – so richtig verliebt! – und ja: Ich hatte zu diesem Lied Sex! Das Lied hat einen passenden Rhythmus. Das Lied ist geradezu prädestiniert, um dazu Liebe zu machen: Ein äusserst regelmässiger Rhythmus, aber trotzdem ab und zu ein überraschender Hüpfer, richtig aufregend eben.

Und warum erzähle ich Ihnen das? Mein Privatleben geht Sie nämlich überhaupt nichts an, und es ist mir ehrlich gesagt auch ausgesprochen peinlich, öffentlich zu bekennen, dass ich Sex hatte und dann erst noch zu diesem Lied! Aber ich erzähle Ihnen das, weil es die Chance erhöht, dass Sie das Lied eventuell erkennen.

Wer weiss, vielleicht haben Sie ja selbst einmal zu diesem Lied Liebe gemacht oder es zumindest als optimal geeignet für diesen Zweck eingestuft. Kurz, die Tatsache, dass man zu diesem Lied eben Liebe machen

Für mich ist das eben ein spezielles Lied. Ich war verliebt – so richtig verliebt! – und ja: Ich hatte zu diesem Lied Sex!

kann, erhöht seinen Wiedererkennungswert. Ich habe alles gegeben: Besser kann ich dieses Lied nicht beschreiben. Und ich bitte Sie, liebe Leserin, lieber Leser, falls Sie das Lied erkennen, so melden Sie sich bitte bei mir. Ich wäre Ihnen unendlich dankbar.

Wenn ich Erziehungsdirektor wäre

Wenn ich Erziehungsdirektor wäre, würde ich bei einer Schoggifabrik 10 Millionen Schoggihärzli zur Belohnung von fleissigen und netten Schülerinnen und Schülern bestellen.

Danach würde ich folgendes verfügen:

1. Lehrerwitze sind unter Androhung von Strafen verboten, mit Ausnahme meines Lieblingswitzes: «Lehrer wissen nicht alles, aber sie wissen alles besser.»

2. Das Image des Lehrerberufs wird durch PR-Profis aufgemöbelt. Das schreckliche Wort Lehrkraft wird verboten. An seiner Stelle spricht man in lässigem Englisch von Stunt-Teachern. Lehrer sind nämlich heute längst schon Stuntmen und Stuntwomen.

3. Die Ausgaben für Schule und Bildung werden verzehnfacht. Grund: Bildung und Erziehung sind die mit Abstand wichtigste Investition eines Staates in seine Zukunft.

4. Der Lohn aller Stunt-Teacher wird verdoppelt.

Gemessen an ihrer immensen Bedeutung für die Zukunft der Gesellschaft und ihrer massiven Belastung sind Stunt–Teacher massiv unterbezahlt.

5. Der Matura-Zwang für angehende Stunt-Teacher wird abgeschafft. An seine Stelle tritt eine Prüfung der emotionalen und pädagogischen Begabungen. Wir brauchen nicht intellektuelle Genies, sondern Menschen, die fähig sind zu spüren, was in Kindern vorgeht.

6. Die Stunt-Teacher werden von allen dämlichen Zusatzaufgaben befreit. Somit kann dieser Beruf auch wieder von Menschen erlernt werden, die nicht masochistisch veranlagt sind.

7. Jedem Stunt-Teacher steht für schwierige Situationen ein Coach zur Verfügung.

8. Das Fach «Ummuda» wird zum wichtigsten Hauptfach erklärt. Ummuda ist die Abkürzung für: «Umgang mit mir und den Anderen.» Es beinhaltet folgende Themen: Wie gehe ich mit mir und meinen Bedürfnissen, Gefühlen, Problemen, sowie mit Konflikten, Konkurrenz, Aggressionen, Anforderungen und Gewalt um?

Welche Werte sind im Leben eigentlich wirklich wichtig? Ist es die Leistung? Oder die innere Zufriedenheit?

9. Eltern müssen von erfahrenen Pädagogen geleitete obligatorische Erziehungskurse besuchen. Diese dienen dem Erlernen der drei goldenen Regeln der Erziehung:

Regel 1: Kinder brauchen Geborgenheit, klare Grenzen und Strukturen.

Regel 2: Kinder brauchen Geborgenheit, klare Grenzen und Strukturen.

Regel 3: Kinder brauchen Geborgenheit, klare Grenzen und Strukturen.

10. Und immer wieder liesse ich Tonnen von Schoggihärzli verteilen und danach natürlich immer gleich die mit Fluor-Tröpfchen beträufelten Zahnbürstchen in der Klasse austeilen.

Anmerkung: Dieser Text war eine Auftragsarbeit der bernischen Lehrerzeitung «LEBE» zum Thema «Wenn ich Erziehungsdirektor wäre».

Scheisse

Es geschah vor zwei Wochen, mitten in Deutschland. Ich war mit meiner Instrumental-Band «Anton and the Headcleaners» am ältesten Open-Air des Landes, dem Burg Herzberg Festival engagiert. Schon Wochen zuvor hatte ich mich auf den Auftritt an diesem Monsterfestival mit 15 000 Leuten gefreut. Ein Höhepunkt in meiner Karriere? Es sollte anders kommen!

Wir waren als zweitletzte Band am Sonntagmorgen um 11 Uhr im Programm, doch die Verspätung war so gross, dass unser Konzert auf 15 Uhr verschoben wurde. Zehn Minuten vor dem Auftritt verspürte ich Stuhldrang. Ich begab mich aus diesem Grund direkt in eine dieser Toi-Toi-Toiletten, diese Plastikscheisshäuschen, die man seit vielen Jahren an allen Grossanlässen hinstellt. Sobald ich mich auf diese unappetitliche Schüssel gesetzt hatte, um mein Geschäft zu verrichten, hörte ich plötzlich das Grollen eines schweren Motors, das sich immer mehr meinem Kabäuschen näherte. Der Lärm wurde lauter und lauter, und ehe ich überhaupt begriff, wie mir geschah, begann mein Häuschen wie blöde zu wackeln und wurde kurz darauf von einem Lastwagenkran, da war ich mir ganz sicher, auf die Ladefläche eines Lastwagens verfrachtet. Ich zog meine Hosen hoch und begann wie wild zu schreien und zu poltern, doch leider half alles nichts, das Motorengeräusch war viel zu laut! Nicht einmal die Türe konnte ich öffnen, da sie vom angrenzenden WC-Häuschen blockiert wurde. Nach einer halben Ewigkeit, während der der Lastwagen mit zig Toiletten beladen wurde, setzte sich dieser definitiv in Bewegung und ich wurde abtransportiert. Zuerst ging es über holprige Landstrassen, die Exkremente unter mir begannen wie wild zu brodeln. Dann fuhr der Lastwagen noch ungefähr eine Stunde auf der Autobahn und danach wieder auf einer Landstrasse, bis er endlich anhielt. Der Fahrer stieg aus und nun begann ich wie blöde zu brüllen und zu poltern. Und siehe da: Ich wurde erhört. Der Fahrer musste Häuschen um Häuschen abladen, bis ich endlich befreit war. Jochen, so hiess der Arbeiter, meinte nur: «Das kann halt mal geschehen. In meinem Vertrag stand klipp und klar, dass ich um 12 Uhr abräumen kann, und ich habe immerhin bis 14 Uhr 30 gewartet.» Netterweise durfte ich nun Jochens Handy benutzen. Meines hatte ich in der Garderobe zurückgelassen. Ich wurde mit dem völlig entnervten Festivaldirektor verbunden. Er meinte nur: «Das war jetzt wirklich Scheisse.» Und ich konnte ihm da nur beipflichten.

Der Festivaldirektor meinte nur: «Das war jetzt wirklich Scheisse.» Und ich konnte ihm da nur beipflichten.

Die wahren Abzockerinnen

Jedes Mal, wenn ich meinen Freund Manuel treffe, hat er eine neue Verschwörungstheorie, von der er felsenfest überzeugt ist. Beim letzten Treffen ging es um die Grossverteiler Coop und Migros, welche die Preise nicht mehr am Produkt selber anschreiben.

«Was meinst du, Anton?», fragte er mich. «Warum schreiben die ihre Preise nicht mehr direkt auf die Produkte?»

«Na, die offizielle Version der Geschäftsleitung ist, dass das zu aufwändig und zu teuer ist, da die Preise dermassen schnell wechseln», antwortete ich.

«Naja, das ist die offizielle Version», meinte er. «Aber hast du dir auch schon überlegt, dass die Verkäuferinnen an der Kasse ohne aufgeklebten Preis irgendeinen Betrag eintippen können?»

«Können sie nicht», erwiderte ich, «die Artikel werden nämlich eingescannt.»

«Stimmt», meinte Mänu, «aber die können irgendeinen viel zu hohen Preis programmieren.»

«Willst du damit etwa sagen, dass sich auf diese Weise die Kassiererinnen der schweizerischen Grossverteiler unrechtmässig an uns ahnungslosen Kunden bereichern?», fragte ich entsetzt.

«Ja, genau darauf will ich hinaus. Achte einmal darauf, mit was für tollen Schlitten die plötzlich herumkurven.»

«Eine äusserst gewagte These», meinte ich, «aber ich werde mich achten.»

Und tatsächlich: Am nächsten Morgen sah ich im Kreisel von Hinterengstringen eine Kassiererin von Coop in einem brandneuen schwarzen Porsche ihre Runden drehen. Sie hat eigentlich braune Augen, aber nun trug sie, um unerkannt zu bleiben, blaue Kontaktlinsen. Ich sah das deutlich, obwohl sie mit gut 80 Stundenkilometern im Kreisel ihre Runden drehte. Kurz darauf beobachtete ich, wie an einer Tankstelle eine Kassiererin der Migros ihren brandneuen Ferrari Testa Rossa tankte. Sie hat von Natur aus schwarze Haare, nun trug sie aber als Tarnung eine blonde Perücke und eine viel zu grosse Sonnenbrille. Manuels unglaublicher Verdacht scheint sich also zu bestätigen: Die wahren Abzocker in unserer Gesellschaft sind nicht irgendwelche Manager von Grossbanken, nein, es sind die Kassiererinnen von Migros und Coop! Um aber diesen Skandal wirklich aufzudecken, braucht es Sie, liebe Leserinnen, liebe Leser: Bitte werfen Sie vermehrt ein Auge auf das Privatleben Ihrer Kassiererinnen! Ist Ihnen irgend etwas Ungewöhnliches aufgefallen? Haben Sie eine Kassiererin in einem noblen Restaurant, in einem Delikatesswarengeschäft oder gar auf einer Luxusjacht beobachtet? Ich bin für jeden Hinweis dankbar.

Bitte kontrolliert mich!

Zum Glück wird in unserem Land alles immer noch besser reguliert und kontrolliert! Ich fühle mich nämlich nur dann wohl, wenn ich weiss, dass der Staat mein Handeln überwacht und mir in mehr oder weniger allen Lebensbereichen vorschreibt, was ich zu tun und zu lassen habe.

Ich bin beispielsweise wahnsinnig froh, dass mir der Staat unter Androhung hoher Bussen vorschreibt, dass die Milch im Kühlschrank in unserer hauseigenen Kulturbar bei maximal fünf Grad gelagert werden darf. Ich möchte nun wirklich keinen Konzertbesucher mit sechs Grad warmer Milch, die ich ihm in den Kaffee giesse, gesundheitlich gefährden. Ebenfalls glücklich macht mich, dass mir das Gastro-Gesetz schwarz auf weiss vorschreibt, dass ich den Gästen an der Bar nicht mit irgendwelchen Ringen an den Fingern ein Bier überreichen darf. Erlaubt ist ausschliesslich das Tragen des Eheringes. Zu gross wäre die Gefahr, dass sich unter den anderen Ringen irgendwelche gefährliche Mikroorganismen verstecken, die sich genau dann, wenn ich dem Gast das Bier überreiche, auf ihn übertragen könnten.

Ich begrüsse es daher sehr, dass langsam, aber sicher auch die letzten Lebensbereiche staatlich kontrolliert werden. Sie müssen mich verstehen, ich entstamme einer Generation, bei der eigentlich schon mehr oder weniger alles reguliert und kontrolliert war. Ich habe nie gelernt, mir selbst ein Urteil zu bilden, geschweige denn von mir aus Verantwortung zu übernehmen, schon gar nicht für mein eigenes Handeln. Und nicht nur mir soll der Staat alles vorschreiben, sondern bitte sehr auch allen andern. So ist es mir unverständlich, wie der Staat während Jahrhunderten zulassen konnte, dass Grosseltern zu ihren Enkeln schauen durften, ohne dass sie pädagogische Kurse besucht hatten.

Glücklicherweise sind jetzt endlich Bestrebungen im Gang, obligatorische Kurse zur Kinderbetreuung durch Grosseltern einzuführen. Und ich kann es nicht verstehen, warum mir der Staat nicht schon längst vorschreibt, welche Kleider ich zu tragen habe, welche Zahnpasta ich benutzen darf, welche Filme ich mir im Kino ansehen darf, in welchem Zeitintervall ich meine E-Mails lesen muss und wie oft ich pro Woche zu duschen habe.

Ich habe nie gelernt, mir selbst ein Urteil zu bilden, geschweige denn von mir aus Verantwortung zu übernehmen, schon gar nicht für mein eigenes Handeln.

Es reicht mir nicht, dass mir der Inhalt dieses Textes vorgeschrieben wurde. Ich möchte auch, dass die Reaktionen beim Lesen reguliert werden.

Ein Preis zu welchem Preis?

Judihui, ich habe einen Preis gewonnen! Es handelt sich um das Aufenthaltsstipendium «Artists in Residence, Nairs».

Mitte Mai werde ich im Künstlerhaus Nairs im Engadin ein Atelier beziehen, um dort für eine längere Zeit in der Abgeschiedenheit neue Instrumentalmusik zu komponieren. Das Kulturhaus befindet sich in einem ehemaligen Kurhaus am Ufer des Inn. In Nairs leben und arbeiten gleichzeitig bis zu zehn Künstlerinnen und Künstler verschiedener Sparten und internationaler Herkunft. Laut dem erhaltenen Infoschreiben bietet das Artists-in-Residence-Programm «vorzügliche Voraussetzungen für konzentrierte künstlerische Arbeit in einem lebendigen Umfeld, zudem ist es ein Ort des Diskurses über Fragen der Kunst».

So weit, so gut. In die ungeheure Vorfreude, jetzt, kurz vor der Abreise, mischen sich plötzlich auch bange Fragen, wie zum Beispiel: Was wird da eigentlich von mir erwartet? Kann ich mich jetzt einfach wochenlang an den Ufern des Inn in die Hängematte legen und das Fliessen des Flusses beobachten? Nirgends werden öffentliche Gelder ausgegeben, ohne dass irgendeine Gegenleistung erwartet wird; eine Tatsache, die ich absolut richtig finde. Was ist also der Preis für den Preis? In Gedanken spüre ich all die Zeitgenossen im Rücken, die behaupten, das Subventionieren von Kunst sei reine Geldverschwendung, eine Art versteckte

Sozialhilfe für arbeitsscheue, ungewaschene Gymnasiumabsolventen. Noch bedrohlicher wirkte die Frage, die mir ein Bauer aus unserem Dorf stellte: «Was ist eigentlich der Sinn der Kunst?»

Äusserst positiv wirkt sich da aus, dass ich mir mal auf einen Zettel eine Kunstdefinition notiert habe, die seit Jahren in meinem Arbeitsraum hängt: «Sinn und Zweck der Kunst ist es, die Realität aus anderen neuen Blickwinkeln heraus zu beleuchten, auf Dinge hinzuweisen, die sonst im Verborgenen bleiben.» Seien wir ehrlich: Was gibt es in der heutigen Zeit Wertvolleres, als diese absurde Welt in Frage zu stellen und velleicht sogar alternative Wege aufzuzeigen? Mir fällt nichts anderes ein. Ob ich allerdings mit ein paar neuen Instrumentalkompositionen die Welt retten kann, sei dahingestellt. Etwas sicherer ist da schon, dass ich in meinem nächsten Text über den Alltag in Nairs berichten werde.

Zu schön für Kunst?

Seit Mitte Mai wohne ich also im Engadin als Artist in Residence im internationalen Künstlerhaus Nairs. Ich habe mich für dieses Stipendium beworben, um in Ruhe und konzentriert neue Instrumentalmusik zu komponieren. Etwas nervös betrat ich vor kurzem zum ersten Mal dieses imposante Gebäude. Es handelt sich um ein ehemaliges Bäderhaus direkt am Inn. Sehr gespannt war ich natürlich auch auf meine acht Mitbewohnerinnen und Mitbewohner. Zum Glück entpuppten sie sich alle als äusserst sympathische Zeitgenossen.

Bei der Hausführung erfuhren wir, dass das Haus wegen mangelnder Heizung nur im Sommerhalbjahr bewohnt werden kann. Und tatsächlich: In der ersten Woche war es derart kalt, dass wir alle fast erfroren. Da nützten auch die notdürftig installierten Elektroradiatoren nicht viel. Doch dann kam das Frühlingserwachen. Das war derart gigantisch, dass mich nichts mehr in meinem improvisierten Studio vor dem Bildschirm hielt und ich während Tagen nur wandern ging. Und ich kam zum Schluss: Hier im Engadin ist es eigentlich zu schön, um Kunst zu machen!

Auf einer Wanderung mit der Berliner Performance-Künstlerin Ute Waldhausen lernte ich erstmals die Welt mit den Augen einer bildenden Künstlerin zu betrachten: Anfänglich nervte mich meine Wandergenossin unglaublich. Alle zehn Meter blieb sie stehen, filmte mit ihrer Videokamera irgendeinen dämlichen Stein oder eine Wurzel. Bei näherem Betrachten entdeckte aber auch ich plötzlich den Fisch im Stein und den Drachen in der Wurzel.

Ich bin momentan der einzige Musiker in Nairs. Ausser einer Schriftstellerin sind alles bildnerische Künstlerinnen und Künstler. Und genau bei denen muss man extrem vorsichtig sein! Die verarbeiten einfach alles zu Kunst: Als ich am Kochen war und Rahm schwingen wollte, fand ich den Handmixer nicht. Nach intensiver Suche stellte ich fest, dass ihn so ein Künstler zerlegt und in sein Kunstwerk verarbeitet hatte. Seither schliesse ich mein Studio ab und mein Auto habe ich sicherheitshalber auf der anderen Seite des Inn parkiert. Wer weiss, was denen noch alles in den Sinn kommt! Man kann sich natürlich schon fragen: Was bringt es der Menschheit, wenn ein Künstler einen Handmixer zu einem Kunstwerk verarbeitet? Den Handmixer konnte man wenigstens gebrauchen, aber ein Kunstwerk aus einem Handmixer ist ziemlich nutzlos. Ich halte es da mit Roman Bucheli, der einmal schrieb: «Gerade weil Kunst zu nichts zu gebrauchen ist, brauchen wir sie. Die Freiheit von aller Zweckmässigkeit, ist die grösste Herausforderung für die Kunst – und ihre grösste Provokation.»

Und ja, fast hätte ich es vergessen: Hier wird nicht nur gewandert, sondern auch gearbeitet. Bei schlechtem Wetter bis zu 14 Stunden täglich! Frei nach Karl Valentin: «Kunst ist schön, macht aber viel Arbeit.»

Abwaschmaschinen

Es gibt traurige Momente im Leben. Eine der traurigsten Situationen ist es, wenn nach fünfzehn Jahren aus heiterem Himmel die Abwaschmaschine aussteigt. Genau dieses Schicksal widerfuhr uns letzte Woche. Es war meine Frau, welche die schockierende Entdeckung machte. «Anton! Anton!», rief sie, «die Abwaschmaschine ist irgendwie mitten im Programm stehen geblieben.» Ich rannte sofort zum Tatort und tatsächlich: Die Maschine hatte mitten im Waschvorgang den Geist aufgegeben.

Nun begannen wir, uns mit dem bei Katastrophen üblichen Wunschdenken zu trösten: «Es handelt sich wahrscheinlich nur um eine kleine Störung, die der Techniker mit ein paar Handgriffen wieder beheben kann», meinte ich. «Wie recht du doch wieder hast», stammelte meine noch unter Schock stehende Frau.

Der notfallmässig herbeigerufene Techniker machte aber eine ganz ernste Miene. Ich wusste sofort, das hat nichts Gutes zu bedeuten. «Die Reparatur würde über 500 Franken kosten», sagte er. «Das lohnt sich bei diesem Gerät nicht.» Was mir nun aber total den Rest gab, war die Tatsache, dass der Techniker unsere Abwaschmaschine ein «Gerät» nannte! «Unser Geschirrspüler ist nicht einfach ein seelenloses Gerät!», schrie ich ihn an. «Unser Geschirrspüler ist das Zentrum dieses Haushaltes!»

Vor meinem inneren Auge passierten all die Situationen der vergangenen fünfzehn Jahre, bei denen uns dieses Wunder der Technik vor den schlimmsten Widrigkeiten des menschlichen Daseins bewahrt hatte. Sie müssen nämlich wissen: Lieber ginge ich nach Fukushima in die Badeferien, als auch nur eine einzige Tasse selbst abzuwaschen! Ja, ich wage zu behaupten, dass ich schon längst geschieden oder zumindest in psychiatrischer Behandlung wäre, wenn wir auch nur eine Woche ohne diesen Geschirrspüler gelebt hätten.

In der folgenden Nacht hielten wir im Kerzenschein die Totenwache. Drei Tage später ging dann der grosse Showdown über die Bühne. Ich hatte die Blasmusik aus Toffen engagiert. Der Monteur fuhr vor und staunte nicht schlecht. Als er die alte Maschine abtransportierte, spielte die Blasmusik einen Trauermarsch, und als er die neue in die Wohnung brachte, eine fetzige Polka.

Mittlerweile haben wir uns an die neue gewöhnt. Sie heisst KMG-467 und reinigt das Geschirr noch fast besser als die alte. Trotzdem vermissen wir die alte immer noch ein wenig. Sie war irgendwie lauter und passte deshalb besser zur Familie.

Probleme mit unserem Kater

Die ersten Wochen der Sommerferien verbrachten wir auf dem Campingplatz. Dort bestand die anstrengendste Tätigkeit darin, schon das früheste Anzeichen eines sich abzeichnenden Aktivitätsschubes zu erkennen und im Keim zu ersticken. Kaum zu Hause, begannen dann wieder die Probleme! Und zwar mit unserem Kater Paradidl. Dieser hatte die warmen Sommertage genutzt, um sich eine neue Freundin zuzulegen. Obwohl Paradidl vor Jahren von einem bestens ausgebildeten Tierarzt fachgerecht kastriert wurde, scheint dieser alternde Kater auch im zwölften Jahr seines irdischen Daseins der Liebe in keiner Weise abgeneigt zu sein. Ich erinnere mich noch gut an den Augenblick, als ich seine Freundin zum ersten Mal sah. Wir hatten Gäste zum gemütlichen Grillieren in den Garten geladen. Unser Kater Paradidl strich nervös um den Grill herum in der Hoffnung, ein leckeres Stück Fleisch oder eine Wurst zu ergattern. Da tauchte diese Katze plötzlich auf. Ich stand für Minuten unter Schock: Es war die hässlichste Katze, die ich je gesehen hatte! Das Fell dieses Gruseltiers war weiss, das ginge ja noch. Aber in das Weiss mischte sich ein leicht gelblicher Rosaton, eine Verfärbung der Haare, wie man sie relativ häufig auch bei betagten Frauen in Altersheimen beobachten kann. Zudem war das Fell äusserst struppig und ungepflegt! Noch schlimmer als mir erging es einem unserer Gäste: Als er das Tier erblickt hatte, erhob er sich schneller als die Feuerwehr, verschwand hinter einem

Busch und übergab sich. Der ganze russische Salat und die soeben verspiesene Wurst waren dahin, und all dies nur wegen der hässlichen Freundin unseres Katers.

Tagelang beschäftigte mich die Frage: Warum verliebt sich gerade unser Kater in eine derart hässliche Katze? Nach einiger Zeit fand ich endlich eine plausible Erklärung: Wahrscheinlich leidet Paradidl unter einer altersbedingten Fehlsichtigkeit, höchstwahrscheinlich an grauem Star. Grundsätzlich bin ich der Meinung, dass die Liebesbeziehungen unseres Katers ganz klar seine Privatsache sind und wir, die Meistersleute und Ernährer, ihm da in keiner Weise Vorschriften zu machen haben. Doch diese hässliche Freundin raubt uns einen Teil unserer Lebensqualität und das wollen wir uns nicht bieten lassen. Haben Sie, liebe Leserin, lieber Leser, etwa ähnliche Erfahrungen gemacht. Wie würden Sie reagieren? Bitte melden Sie sich!

Guten Morgen

Entschuldigen Sie auf diese Weise, Sie zu kontaktieren, aber ich muss diese Spende dringend zu machen. ich sah sie durch Zug fahren und ich sage Ihnen das, was ich brauche bist. Kurz gesagt, mein Name ist Jochen Schwarz, aus der Schweiz, und ich lebe in Deutschland. Ich leide an einer schweren Krankheit, die mich zu Tode verurteilt: es ist die Kehlkopfkrebs. und ich haben insgesamt 22 700 000 € Vermächtnis Euro, würde Ich mag, um eine Spende, um eine vertrauenswürdige und ehrliche können einen guten Zweck zu machen (oder erstellen Sie ihr eigenes Geschäft zu gedeihen in sein eigenes Geschäft oder Hilfe Sozial- und Sportorganisationen).

Ich habe eine Cocoa einführenden Unternehmen in Frankreich. vor 7 Jahren verlor ich meine Frau, wenn unser Haus in Brand geraten wegen der Zigarette, die ich rauche, die mich wirklich berührt, und ich konnte mich nicht heiraten, bis jetzt. Ich möchte dieses Geld zu spenden, bevor ich sterbe, denn meine Tage sind wegen dieser Krankheit, die ich habe nicht ein Beruhigungsmittel gefunden, nummeriert. Dann würde ich wissen, ob Sie von dieser Spende profitieren. Wenn Sie noch stärker profitieren müssen, kann ich natürlich auch ordentlich Sie ficken, den ich habe gut gehendes Viagra gezüchtet bei mir. Am besten wir treffen paar Nächte zusammen auf Bürotisch bei meinem Cocoa-Unternehmen in Frankreich, oder sonst in grossen Schrank in Deutschland bei mir wo Haus. Selbstverständlich für Sie, werde von jetzt bis immer auch gern Ihre Konto verwalten, denn fürchterliches Problem mit Bankverbindung war da, um für Sie zu klären. Solange die Katastrophe mit Bank nicht besser ist, verlieren natürlich jeden Tag 25 457 Euro Geld. Es ist deshalb bei grossem Vorteil von Sie – auch weil Kind durch Sie dann noch ärmer sein wird müssen, als du mit Zukunft. Darum nie zögern Sie nicht und sofort mir alle Kontos zu mailen, nicht ohne genaue Passwörter zu vergessen! Bitte alles auf anton.brueschweiler@gmx.ch, wo ich warte. Nach kurze Zeit Geduld für Sie, dann Ihre Konten ohne Probleme verwaltet werden von mir, und mich kümmern leidenschaftlich, damit Ihr Geld bei mir endlich in guten Händen kommt!

Falls auch Sie ab und zu Spammails erhalten, wissen Sie jetzt: Ich bin der Urheber.

Dieser Text ist ein Zusammenschnitt von Spammails, welche ich in den letzten Jahren kreierte. Falls auch Sie ab und zu Spammails erhalten, wissen Sie jetzt: Ich bin der Urheber.

Mein Problem

Ich wäre Ihnen äusserst dankbar, wenn Sie den Inhalt des nachfolgenden Textes für sich behalten könnten. Ich möchte nämlich auf keinen Fall, dass etwas davon in die Öffentlichkeit gelangt. Falls Sie sich dazu nicht imstande fühlen, bitte ich Sie, sofort mit der Lektüre aufzuhören.

Da Sie jetzt immer noch weiterlesen, gehe ich davon aus, dass Sie mit dem Text absolut vertraulich umgehen können und keiner Menschenseele etwas davon weitererzählen.

Ich leide nämlich unter der äusserst seltenen und extrem peinlichen Brotphobie. Das Wort «Phobie» stammt aus dem Griechischen und bedeutet Angst, Panik; und das Wort «Brot» brauche ich Ihnen ja sicher nicht zu erklären. Ich habe panische Angst vor Brot in all seinen Erscheinungsformen. Mittlerweile hat sich diese Angst sogar auf Zwieback und Knäckebrot ausgedehnt. An den Ursprung dieser Angst kann ich mich nicht mehr erinnern. Schlussendlich spielt es ja auch überhaupt keine Rolle, woher diese Angst stammt. Ich leide einfach fürchterlich darunter.

Es reicht schon, dass ich in die Nähe einer Bäckerei komme. Ich beginne vor Angst zu zittern und verfalle schliesslich ganz in Panik. Als wirklich schlimm empfinde ich die dauerhafte Befürchtung, irgendwo im Alltag unerwarteterweise einem Brot zu begegnen. Als Brotphobiker versucht man tagtäglich dem Brot auszuweichen. Leider machen einem die lieben Mitmenschen aber oft einen Strich durch die Rechnung. Da gibt es zum Beispiel die gut gemeinten Einladungen zum Essen. Nie kann man genau wissen, was eigentlich auf den Tisch kommt. Bei den in der Schweiz so populären Fondue-Abenden sage ich übrigens generell ab. Als Brotphobiker wird man ein wahrer Meister im Erfinden von Ausreden. Ein wahres Geschenk Gottes ist da natürlich die Mehlallergie, die häufigste Ausrede aller Brotphobiker. Diese Ausrede zwingt einem aber auch zum unfreiwilligen Verzicht auf Teigwarengerichte, die ich eigentlich überaus liebe. Erst kürzlich wurde ich wieder von einem Bekannten beim Verzehr von Spaghetti erwischt.

Ehrlich gesagt, ich habe mich mit meiner Brotphobie abgefunden, mittlerweile kann ich gut damit umgehen. Ich habe sie akzeptiert als einen Teil meiner Persönlichkeit. Einzig am Abend vor dem Einschlafen packt mich manchmal das Elend, und ich träume von einer absolut brotlosen Welt.

Übergangsbouillon

Bald zwanzig Jahre bin ich nun mit meiner Frau zusammen. Da klappt die Organisation des Zusammenlebens mittlerweile schon fast perfekt. Trotzdem erlebte ich vor zwei Wochen beim Einkaufen wieder eine Szene, die schliesslich unsere Ehe auf eine schwere Probe stellen sollte. Auf dem Einkaufszettel stand gut lesbar in Steinschrift das Wort «Übergangsbouillon».

Nachdem ich eine Viertelstunde im entsprechenden Gestell vergebens nach Übergangsbouillon gesucht hatte, fragte ich eine Verkäuferin. «Übergangsbouillon, Übergangsbouillon», murmelte sie verzweifelt, «da muss ich den Chef fragen». Mir war es bei der Sache längst nicht mehr wohl, doch sie war bereits verschwunden. Nach gut zehn Minuten kam der Filialleiter daher: «Guten Tag, Sie sind also der Mann mit der Übergangsbouillon?» Langsam wurde mir die Sache peinlich. Zudem lasse ich mich nicht gern als «Mann mit der Übergangsbouillon» ansprechen.

Liebe Leute, ich habe in meinem Leben einiges erreicht: Ich führte ein Fähnli bei den Pfadfindern, ich wurde schon mal Erster an einem Grümpelturnier, und ich schaffe es, mit pubertierenden Kindern friedlich zusammenzuleben. Da muss mir einfach niemand mit dem Satz kommen: «Sie sind also der Mann mit der Übergangsbouillon», wenn Sie verstehen, wie ich meine.

Der Filialleiter fuhr fort: «Ich habe in unserem Firmencomputer nach Übergangsbouillon geforscht. Was ich mittlerweile mit Sicherheit sagen kann, ist, dass die Firma Coop seit 23 Jahren keine Übergangsbouillon mehr führt. Ob die Übergangsbouillon abgesetzt wurde, weil plötzlich die Nachfrage zurückging, der Lieferant die Produktion eingestellt hat, oder ob die Firma Coop gar nie Übergangsbouillon verkauft hat, kann ich leider nicht eruieren. Tatsache ist, dass Coop keine Übergangsbouillon mehr führt. Ich würde an Ihrer Stelle einmal bei der Migros vorbeischauen.»

Mittlerweile waren drei weitere Verkäuferinnen herbeigeeilt, wahrscheinlich aus reiner Neugierde. An den Kassen bildeten sich lange Schlangen. Die Filiale war durch die Übergangsbouillon total lahmgelegt. So was schadet der Volkswirtschaft, dachte ich mir. Völlig genervt kam ich ohne Übergangsbouillon nach Hause und stellte meine Frau zur Rede: Unter Übergangsbouillon versteht sie eine kleine Notportion Bouillon von Coop, welche die Dauer überbrückt, bis jemand Zeit hat, ihre Lieblingsbouillon im Bioladen zu kaufen.

«Übergangsbouillon, Übergangsbouillon», murmelte die Verkäuferin verzweifelt, «da muss ich den Chef fragen».

Perfekte Raucherentwöhnung

Wahrscheinlich werden Sie mich sofort total verabscheuen, aber ich stehe dazu: Ich bin Raucher. Wurden Raucher früher noch als lässig oder freiheitsliebend angesehen, wird man heutzutage eher wie ein Kleinkrimineller behandelt. Wo immer man sich auch eine ansteckt, muss man sich in Grund und Boden schämen. Um mir diese Scham zu ersparen und mich vor neugierigen Blicken der Nachbarschaft zu schützen, habe ich mir im Garten ein Erdloch gegraben, eine Art unterirdisches «Raucherstübli». Dummerweise hatte ich aber die Entlüftung vergessen, was zu starken Erstickungsanfällen führte. Aber auch mit der jetzt perfekt funktionierenden Entlüftung weiss ich, dass dies nicht der Weisheit letzter Schluss sein kann. Wie jeder Raucher, der mit sich selbst ehrlich ist, möchte ich eigentlich nur eines: mit diesem Schwachsinn aufhören!

Bitte glauben Sie ja nicht, ich hätte dies noch nie versucht: Monatelang bin ich mit Nikotinkaugummis im Mund und Nikotinpflastern am Hintern in der Gegend herumgeirrt. Schlussendlich war das Verlangen nach der erlösenden Kippe einfach doch zu gross.

Mit der Idee, mich bei einer Handauflegerin oder einem Handaufleger anzumelden, habe ich lange gerungen. Aber meine vielleicht etwas übersensible Wesensart verhinderte dieses Vorhaben. Als Heterosexueller ist für mich die Vorstellung, dass mir ein Mann seine Hand minutenlang auf meine nackte Haut legt, einfach zu widerlich. Noch unmöglicher erscheint mir der Besuch bei einer handauflegenden Frau. Ich bin seit zehn Jahren verheiratet und es ist für mich mit meinen Moralvorstellungen absolut nicht vereinbar, dass eine wildfremde Frau an mir Hand anlegt. Ich habe auch grosse Angst, dass ich plötzlich meine körperlichen Reaktionen nicht mehr im Griff haben könnte.

In meiner grossen Verzweiflung bin ich auf der Suche nach der perfekten Raucherentwöhnung nächtelang im Internet herumgesurft und wurde fündig:

Auf den Philippinen bietet eine kleine – natürlich illegale – Spezialklinik folgende Therapie an: Der Entzugswillige wird für drei Monate in ein künstliches Koma versetzt. Nach drei Monaten, da sind sich die Fachleute einig, ist der körperliche Entzug geschafft. Die einzige Nebenwirkung des künstlichen Komas, leichter Gedächtnisschwund, kommt dem Entziehungsvorhaben sogar entgegen, da man sich nach dem Koma auch nicht mehr daran erinnert, je geraucht zu haben.

Ich hasse den sechsten Dezember!

Vor zwei Jahren wurde ich von einer Primarlehrerin angefragt, ob ich an ihrer Dorfschule als Weihnachtsmann auftreten würde. Da ich keine gute Ausrede fand, liess ich mich schlussendlich überreden. Neben dem obligaten Kostüm organisierte ich mir sogar einen Esel. Das Angebot des Bauern war flott: Für fünfzig Franken durfte ich nicht nur seinen Esel ausleihen, nein, er lieh mir sogar den Pferdetransporter samt dem Zugfahrzeug, einem gigantischen Offroader. Das Unheil begann, als ich den Esel abholen wollte. Das störrische Tier liess sich durch nichts in der Welt dazu bewegen, in den Pferdetransporter einzusteigen. Es dauerte eine gute halbe Stunde, bis wir das Grauviech endlich verladen hatten. Total genervt fuhr ich los. Viel zu spät traf ich bei der Schule ein. Vereinbart war, dass ich in der Lektion vor der grossen Pause erscheinen sollte. Doch als ich ankam, waren die Kinder schon auf dem Pausenplatz am Spielen. Kaum war ich ausgestiegen, hörte ich die Kinder schreien: «Der Weihnachtsmann, der Weihnachtsmann!» Es verging keine halbe Minute und ich war von etwa achtzig Erst- bis Viertklässlern umzingelt. Ein dooferes Bild als einen Weihnachtsmann, der aus einem topmodernen, riesigen Offroader aussteigt, kann man sich ja kaum vorstellen. Aber glücklicherweise hatte ich ja noch einen grossen Trumpf: «Liebe Kinder, ich bin nicht allein gekommen, nein, ich habe noch meinen Esel mitgebracht», sagte ich verheissungsvoll und öffnete die Luke des Transporters. Der Esel lag auf dem Boden und tat keinen Wank, er war in einer Art Tiefschlaf. «Ist dein Esel krank?», fragten mich die verängstigten Kinder. «Keine Ahnung», brummelte ich. Nicht einmal ein mittelschwerer Tritt in den Hintern schien das Tier zu wecken. «Oh, der arme Esel, oh, der arme Esel», jammerten die Kinder. Komplett am Ende wie ich war, nahm ich den mitgebrachten Sack und schüttete alle Leckereien vor die Füsse der verblüfften Kinder. Wortlos schloss ich die Luke, stieg in den Offroader, liess die Tür zuknallen und fuhr, ohne mich überhaupt verabschiedet zu haben, in einer Art Panik zum Bauern zurück. Als ich diesem mitteilte, dass sich der Esel im Tiefschlaf befinde, stieg diesem die Schamröte ins Gesicht und er meinte: «Das tut mir sehr leid! Da sich dieses Tier beim Transport und bei seinen Auftritten mit dem Weihnachtsmann immer extrem aufregt und dementsprechend störrisch verhält, gebe ich ihm zur Beruhigung immer Valium, und diesmal habe ich mich scheinbar in der Dosis geirrt.» Für mich war es das erste und letzte Mal, dass ich als Weihnachtsmann aufgetreten bin. Seither hasse ich diesen Tag.

Anmerkung: Diese Geschichte hat sich in der Realität genau so abgespielt. Als Weihnachtsmann fungierte allerdings nicht ich, sondern ein Freund, der mir seine traumatische Geschichte anvertraut hat.

Phynil Choleaster Syndrom

Manchmal lohnt sich das Surfen durch das Internet wirklich.

Da habe ich ein Leben lang unter schweren Symptomen gelitten, ohne auch je nur die kleinste Ahnung über deren Ursachen zu haben, und jetzt fand ich mit 46 Jahren endlich den Grund: das Phynil Choleaster Syndrom, oder kurz: PCS.

Schon als siebenjähriges Kind zeigten sich bei mir gewisse Aufälligkeiten: Als ich der Mutter beim Geschirr abtrocknen helfen musste, befiel mich regelmässig eine schwere Müdigkeit. Schon nach zwei Tellern war ich dermassen erledigt, dass ich mich aufs Sofa legen musste. Genau dieselbe Müdigkeit befiel mich auch, wenn ich das Zimmer aufräumen oder beim Tisch decken helfen musste.

Was ich mir eine Kindheit lang deswegen anhören musste! Sprüche wie «faule Sau» waren da noch harmlos. Heute weiss ich, dass ich eine Kindheit lang zu unrecht gescholten wurde. Der wahre Grund für meine schnelle Erschöpfung heisst: PCS.

In der Schule ging dann mein Leidensweg weiter: Mehrmals schlief ich während einer Französischstunde ein, was mir regelmässig einen gemeinsamen Nachmittag mit dem Schulhausabwart Herr Megert bescherte. Doch auch hier schlug das PCS unerbittlich zu: Schon nach zwei Minuten Schulhausplatz wischen, musste ich den Besen aus Erschöpfung fallen lassen.

Jahrelang konnte ich es mir nicht verzeihen, dass ich seinerzeit dreimal durch die Fahrprüfung rasselte. Die Erleichterung, die ich jetzt verspüre, da ich endlich den wahren Grund kenne, kann ich kaum beschreiben. Schlagartig wurde mir auch klar, weshalb ich zu Steuerschulden neige, meine Finanzen nie richtig im Griff habe und auf der Autobahn immer zu stark rechts fahre. Der Grund lautet: PCS.

Eine klare Diagnose hat auch etwas Entlastendes: Musste ich mir früher von meiner Frau des Öftern Vorwürfe anhören wie «du hilfst nie im Haushalt» oder «du könntest auch wieder mal staubsaugen», so weiss sie jetzt (ich habe die ganze Familie nach meiner Selbstdiagnose sofort offen informiert), dass ich unter einer Krankheit leide und somit von jeglicher Haushaltsarbeit dispensiert bin. Im Negativen liegt ja immer auch etwas Positives: So werde ich meinen schwierigen Lebensweg niederschrei-

Als ich der Mutter beim Geschirr abtrocknen helfen musste, befiel mich regelmässig eine schwere Müdigkeit.

ben und ihn als Buch bei einem grossen Verlag veröffentlichen. Die Geschichte wird so herzergreifend sein, dass sie sicher zum Bestseller wird. Bis jetzt habe ich allerdings erst den Titel. Er lautet: Phynil Choleaster Syndrom.

Anmerkung: Dieser Text wurde inspiriert durch Funny van Dannens Lied «Schilddrüsenunterfunktion».

Sex

Es wird wieder einmal keine Sau interessieren, aber ich muss alle zehn Minuten an Sex denken. Ganz schlimm ist es, wenn ich Früchte betrachte. Also Nektarinen gehen noch, aber bei Bananen und Wassermelonen drehe ich gleich durch. Dagegen sind Äpfel und Aprikosen geradezu harmlos.

Und dann diese Fruchtfliegen, wenn es so heiss ist, wie es diesen Sommer war. Die vermehren sich einfach masslos. Und das Schlimmste: Sie treiben es einfach überall, hemmungslos! Und ich weiss, es gehört sich nicht, anderen beim Sex zuzuschauen, aber ich kann nicht anders. Obwohl ich mich zum Wegschauen zwinge, muss immer wieder hingucken.

Noch viel krasser als Früchte wirken aber die Berge auf mich. Diese Formen, mal spitz, mal lieblich rund. Da habe ich zum Teil ganz dreckige Assoziationen. Ich stelle mir zum Beispiel vor, wie es der Eiger mit der Jungfrau treibt, und wenn meine schlimmsten Phantasien hochkommen, nehmen die beiden noch den Mönch dazu!

Ganz schlechte Erfahrungen habe ich auch mit den lieblichen Hügeln des Emmentals gemacht. Sie können sich selber einen Reim darauf machen, warum ich äusserst ungern mit dem Auto durch das Emmental fahre, obwohl ich im Emmental wohne. Ich kann mich beim Anblick dieser stimulierenden, rundlichen Hügel schlicht nicht mehr auf die Strasse konzentrieren. Doch ich habe ein Gegenmittel gefunden: Ich ziehe mir zwei Sonnenbrillen übereinander an, so dass ich fast nichts mehr sehe. Leider kam ich kürzlich in einen Tunnel, und da habe dann gar nichts mehr gesehen, was ja auch nicht gut ist.

Vielleicht denken Sie nun, das ist ja total krank, was der Brunstweiler da wieder schreibt. Da muss ich Ihnen voll Recht geben. Es ist mir ja auch überaus peinlich, und ich möchte auf keinen Fall, dass irgendetwas davon an die Öffentlichkeit gelangt. Bitte behalten Sie also das Gelesene für sich, ich bin Ihnen sehr dankbar! Ich habe mir auch schon überlegt, eine Fachperson aufzusuchen, aber leider habe ich Angst, dass auch das sehr peinlich werden könnte. Reto hat mir erzählt, dass sie Tests mit einem machen. Sie zeigen einem einen Bleistiftstrich und dann muss man sagen, was man da sieht. Und ich bin eben von vornherein überzeugt, dass ich da keinen Bleistiftstrich, sondern einen nackten Frauenkörper sehen werde, was mir natürlich äusserst unangenehm wäre. Ganz unerträglich wäre es mir aber, wenn mir so ein studierter Lackaffe sagen würde: «Herr Brustweiler, Sie haben einen Flick weg.»

Schweinegrippe

Eine absolut verheerende Krankheit breitet sich anscheinend über den ganzen Globus aus! Ausgelöst wird sie durch einen klitzekleinen Virus, der durch Niesen oder direkten Körperkontakt wie Hände schütteln oder Küssen übertragen wird. Aus diesen Gründen vermeide ich jeden Kontakt zu allen Mitmenschen. Wenn ich irgendwo von weitem einen Menschen erblicke, renne ich so weit wie möglich weg. Meistens setze ich mich in einen nahe gelegenen Wald ab, in dem ich dann die ganze Nacht verbringe. Und ich weiss auch warum: Die Schweinegrippe ist das Schlimmste, was einem Menschen überhaupt geschehen kann. Der infizierte Mensch verwandelt sich innert Stunden in ein ausgewachsenes Schwein. Und das, liebe Leserin, lieber Leser, möchte ich mir wirklich ersparen. Ich bin ein reinlicher Mensch, und die Vorstellung, mich für den Rest meines Lebens im Dreck zu wälzen und irgendwelche Küchenabfälle zu verspeisen, um dann nach relativ kurzer Zeit als Bratwurst auf dem Teller eines nicht infizierten Menschen zu landen, macht mir enorm Mühe. Und deshalb sage ich vorerst einmal «Adieu zusammen». Ich ziehe mich nämlich für die nächsten Monate mit einem gigantischen Lebensmittelvorrat in mein Erdloch, das ich mir im Garten gegraben habe, zurück.

Nun, ehrlich gesagt, kenne ich bis jetzt noch niemanden, der an der Schweinegrippe erkrankt ist. Diese Tatsache ist umso erstaunlicher, als es von offizieller Seite her noch vor kurzem hiess, in wenigen Monaten sei ungefähr die Hälfte der Schweizer Bevölkerung daran erkrankt. Nach ein paar Monaten werde ich dann aus meinem Erdloch hervorkriechen, um zu überprüfen, ob sich wenigstens diese Menschen in Schweine verwandelt haben, die auch charakterlich Schweine sind. Es sind Leute, die bewusst eine irrationale Pandemie-Panik geschürt haben, um mit dem Verkauf von Medikamenten Milliarden zu verdienen. Das Schlimmste an ihrem Verhalten ist dabei nicht einmal ihre Geldgier. Wirklich schlimm ist, dass sie mit einer vergleichsweise harmlosen Krankheit von den wahren

Die Schweinegrippe ist das Schlimmste, was einem Menschen überhaupt geschehen kann. Der infizierte Mensch verwandelt sich innert Stunden in ein ausgewachsenes Schwein.

gesundheitlichen Problemen der Welt ablenken: Zwei Millionen Kinder sterben jährlich an Durchfallerkrankungen, die durch relativ einfache hygienische Massnahmen zu verhindern wären. Weitere drei Millionen Menschen sterben an Malaria, Masern und der normalen Grippe. Doch dies scheint keine Zeile wert zu sein. Warum wohl?

Hexe

Liebe Leute, ich bin weder abergläubisch noch sonst irgendwas, aber ich glaube, ganz in meiner Nähe wohnt eine Hexe. Schon ihren Namen finde ich sehr auffällig: Camenzind ist doch eindeutig ein Bündner Name. Doch was sucht sie dann im Bernbiet? Wurde sie am Ende gar verjagt?

Komisch auch: Wen man auch fragt, niemand weiss, was diese Frau eigentlich von Beruf ist und was sie arbeitet. Einmal traf ich sie zufälligerweise im Coop vor der Kasse. Sie stand direkt vor mir. Ich bin jetzt überhaupt nicht der Typ, der anderen in den Einkaufswagen schielt, aber ich sah deutlich, dass da drei Flaschen Brennsprit drin waren. Da fragt man sich dann schon was, wo und warum. Ich meine, Brennsprit ist nun wirklich nicht Mineralwasser.

Ein anderes Mal näherte ich mich gegen Abend ihrem Haus, um zu sehen, was los ist. Da hörte ich, wie eine ihrer Katzen mindestens fünf Minuten kläglich miaute wie am Spiess. Zufälligerweise traf ich kürzlich Martha Emmenegger im Zug. Sie ist die Cousine von Fritz Läderach, dem Landwirt, der das Land um Camenzinds Häuschen bewirtschaftet. Sie erzählte, dass Fritz vor einem halben Jahr eine Kuh, die vor dem Häuschen der Frau weidete, notschlachten musste. Seither lasse er sein Vieh nie mehr um dieses Haus weiden.

Meine Recherche führte mich auch zu Paul Mürner, einem Rentner, der nur 700 Meter von der Frau entfernt wohnt. Er berichtete, einmal sei aus ihrem Kamin pechschwarzer, fast purpurfarbener Rauch gestiegen. Am Morgen danach habe auf dem Briefkasten, der sich bei der Abzweigung zu ihrem Häuschen befindet, eine rote Dächlikappe gelegen. Seltsam: Als ich eine Woche später an diesem Briefkasten vorbei kam, lag eine blaue Dächlikappe darauf. Irgendwem müssen ja diese Dächlikappen gehört haben. Man reimt sich da halt schon einiges zusammen. Ich habe jedenfalls meinen Kindern strengstens verboten, sich in der Nähe des Häuschens aufzuhalten.

Ich habe alles schon mehrmals der Gemeinde und der Polizei gemeldet. Aber diese Hosenscheisser wagen sich natürlich nicht hin, weil sie selber Angst haben, verhext zu werden. Viel lieber kontrollieren sie Töfflibuben, als einer hundskomunen Hexe das Handwerk zu legen.

Drogen und Kreativität

Mein Freund, der Manuel, ist felsenfest davon überzeugt: Drogen fördern die Kreativität. Obwohl ich seine Theorie für einen Irrtum halte, liess ich mich schliesslich zu einem Selbstversuch überreden, und zwar beim Schreiben dieses Textes. Auf meinem Schreibtisch liegen: ein Joint, drei Gramm Kokain, eine LSD-Tablette und eine Flasche Whisky. Nach den ersten fünf Joint-Zügen bin ich total enttäuscht: Ausser einem nicht mehr enden wollenden Hustenanfall stelle ich überhaupt nichts fest. Doch nach zwanzig Minuten spüre ich plötzlich eine unendliche Liebe zu Ihnen, liebe Leserinnen und Leser. Ich realisiere, wie wir alle im Universum spirituell miteinander verbunden sind. Ich möchte Sie umarmen, küssen und nackt bei Vollmond mit Ihnen eng umschlungen in einer Schwitzhütte schwitzen.

Doch plötzlich fühle ich eine unendliche Müdigkeit. Ich mag nicht mehr schreiben und freue mich deshalb auf das Kokain. Nachdem meine Nasenscheidewand das Kokain brav ans Blut übergeben hat, macht sich nun deutlich der lang ersehnte Kick bemerkbar. Schaffte ich mit Marihuana noch durchschnittlich vier Anschläge pro Minute, so sind es jetzt gut viertausend. Ja, ich fliege förmlich über diesen Text, meine Kreativität ist grenzenlos und ich weiss: Ich bin der beste Autor den die Welt je hervorgebracht hat. Und das ist der beste Text, der je geschrieben wurde! Und Sie haben das grosse Glück, diesen zu lesen. Einzig meine nicht mehr enden wollende Erektion stört mich langsam. Zeit also, das LSD einzuwerfen.

Nach zwei Stunden kann ich Sie endlich sehen. Ja ich meine Sie, wie Sie mit ihrem dämlichen Gesicht meinen Text lesen. Und noch verrückter: Ich bin hellsichtig, ich weiss, was Sie denken! Sie denken: «Der Anton spinnt.» Doch das lasse ich mir nicht bieten! Glauben Sie ja nicht, dass Sie vor mir sicher sind, Sie feige Lese-ratte! Ich weiss haargenau, wo Sie sind. In wenigen Minuten stehe ich vor Ihnen und dann werde ich Sie bearbeiten, dass Sie sich nach Krücken sehnen. Ich rege mich derart auf, dass

Dies ist der beste Text, der je geschrieben wurde! Und Sie haben das grosse Glück, diesen zu lesen.

ich die halbe Whisky-Flasche in einem Zug runterkippe ... und nach zehn Minuden fülle ich mik dotal reläxt, ... alles ist isy ... am tonnersdag habe ig gebürsdag ... und den tex gann ich ja ... tann auch no am ... friti oder samdag ... reiben ... wen überhoubt.

Sonnenfinsternis

Eine der beeindruckendsten Nächte meines Lebens war der Jahrtausendwechsel an Silvester 1999/2000. In dieser denkwürdigen Nacht hatte ich einen unumstösslichen Vorsatz gefasst:

«Lebe das neue Jahrtausend, als wäre es dein letztes.» Ich kann Ihnen verraten, ich hielt früher nichts von Vorsätzen. Zudem war ich auch nicht der Bravste. So habe ich einmal an einem Fest zu viel Bier getrunken und eine Katze verarscht. Auch meine Freunde – bitte nehmt mir das nicht übel, wenn Ihr das lest – waren nicht immer die Seriösesten. Einer von ihnen hat sogar schon mal gekifft!

Aber an oben genannten Vorsatz habe ich mich seither konsequent gehalten. Und dazu gehört auch, dass ich nichts Einmaliges mehr verpassen will. Leider ist mir das bei der letzten Sonnenfinsternis vollkommen in die Hose gegangen! Viel zu spät habe ich davon erfahren. Ich Blödmann hatte zum fraglichen Zeitpunkt sogar einen Zahnarzttermin vereinbart. Aber ich schwöre Ihnen, so was wird mir nie mehr geschehen! Denn ich bereite mich schon jetzt minutiös auf die nächste totale Sonnenfinsternis vor. Sie findet am 3. September 2081 zwischen 11:37 Uhr und 11:56 Uhr statt. Ich will sie auf dem Ballenbühl, einem in meiner Nähe gelegenen Aussichtspunkt, beobachten.

Und jetzt kommen vielleicht Sie ins Spiel: Möchten Sie auch dabei sein? Ideal wäre es doch, die Sonnenfinsternis in einer Gruppe von maximal zehn Leuten zu geniessen. Da sie zur Mittagszeit stattfindet, könnten wir anschliessend, wenn es wieder heller ist, gemeinsam grillen. Ich habe jedenfalls bei der betreffenden Feuerstelle schon einen Zettel aufgehängt mit der Aufschrift: Reserviert für 10 Personen am 3.9.81 von 11:00 bis 15:00 Uhr. Ich fände es am einfachsten, wenn jeder und jede etwas mitbringt. So muss sich nicht jede und jeder um alles kümmern. Ich werde die Spezialbrillen organisieren. Wer würde folgendes organisieren:

- Bratwürste und Cervelats (für mich bitte zwei Geflügelbratwürste, am liebsten Bio)
- gerüstete und zugeschnittene Karotten und Kohlräbli
- 2–3 Dipp-Saucen für oben genanntes Gemüse
- 4 Säcke Pommes-Chips (ich habe am liebsten Paprika von Zweifel, aber andere gehen natürlich auch)
- Hagebutten-Tee mit viel Zitrone
- 10 Schokoriegel als Dessert
- Sonnencrème für nach der Finsternis

Selbstverständlich werden wir die Kosten am Ende des Anlasses gerecht aufteilen. Bitte Kassenzettel aufbewahren. Zusätzlich wäre es gut, wenn jemand viel Wechselgeld mitbringen könnte, damit wir nachher die Kosten ohne grosses Hin und Her aufteilen können.

Ich bin sehr dankbar!

Am Neujahrsmittag bin ich mit einem ziemlichen Brummschädel aufgewacht. Nach zwei Tassen Kaffee konnte ich Folgendes feststellen:

Dass ich ein Dach über dem Kopf habe, dass ich eine Arbeitsstelle besitze, dass meine Frau und meine beiden Kinder gesund sind und dass ich weder an Rheuma noch an Muskelschwund, Multipler Sklerose, Krebs, Bluthochdruck, Migräne, Kinderlähmung, Hirnhautentzündung, Tuberkulose, Asthma, Lähmungen, Haarausfall, Ekzemen, Schuppenflechte oder sonst einer mühsamen oder gar tödlichen Krankheit leide.

Dass ich glücklicherweise in den vergangenen 48 Jahren weder einen Schlaganfall noch einen Herzinfarkt, einen Beinbruch oder eine Querschnittslähmung erlitten habe.

Dass ich nicht Hunger leiden muss und meine einzige körperliche Sorge mein leichtes Übergewicht ist, während Millionen Menschen vom Hungertod bedroht sind.

Dass ich – soweit ich das beurteilen kann – weder an Wahnvorstellungen oder Depressionen noch an Schizophrenie leide, dass also mein psychisches Befinden, abgesehen vom normalen Auf und Ab, in Ordnung ist. Dass meine geistige Verfassung – jedenfalls bilde ich mir das so ein –, abgesehen von einer altersgemässen, schleichenden Verblödung und Vergesslichkeit, wahrscheinlich immer noch relativ gut ist.

Dass ich heute morgen in einem Land erwacht bin und in einem Land leben darf, in dem es weder Krieg noch Hungersnöte oder Blutrache gibt. Einem Land, in dem es glücklicherweise noch keinen katastrophalen Atomunfall gab. Einem Land, in dem sich das Leben – trotz gewissen fremdenfeindlichen Tendenzen – meistens friedlich abspielt. Einem Land, in dem die Justiz, die Gerichte und die Polizei relativ gut funktionieren. Einem Land, in dem die Korruption keine entscheidende Rolle spielt. Einem Land, in dem es weder herumliegende Abfallberge noch vergiftetes Trinkwasser gibt. Einem Land, in dem die Menschen in der Regel gleichberechtigt sind. Einem Land, das nicht von einem totalitären Diktator oder einer Militärdiktatur regiert wird. Einem Land, in dem jeder glauben darf, was er will. Einem Land, das im weltweiten Vergleich eine der niedrigsten Arbeitslosenquoten hat. Einem Land, in dem es soziale Auffangnetze mit engen Maschen gibt. Einem Land, das relativ solidarisch mit den sozial Benachteiligten, den Behinderten, den Arbeitslosen umgeht.

Eigentlich ist dies ja alles nicht selbstverständlich. Zusammenfassend kann ich, trotz des uns Schweizern angeborenen Talentes des ewigen und unbegründeten Jammerns, nur feststellen, dass ich sehr dankbar bin.

Haarfarbe

Als Gitarrenlehrer an einer Musikschule komme ich, wie die Volksschullehrer, in den Genuss von jährlich dreizehn Wochen Schulferien. Immer wieder werde ich deshalb von Menschen, die mit vier Wochen Ferien auskommen müssen, abwechslungsweise als Ferientechniker, Faultier, Parasit und arbeitsscheu bezeichnet. Selbstverständlich kann ich diesen Unmut verstehen.

Ich aber sage Ihnen: Diese Ferienflut ist der absolute Horror. Man fällt in ein tiefes Loch. Die totale Sinnlosigkeit beisst einen wie ein Vampir in den Hals. Man glaubt vor Langeweile zu sterben, fühlt sich total unnütz, sinnentleert. Oft ertappt man sich auch beim Betrachten von Todesanzeigen und stellt fest, dass man die Verstorbenen dafür beneidet, dass sie keine Ferien mehr ertragen müssen. Um der diesjährigen Herbstferiendepression ein Schnippchen zu schlagen, meldete ich mich frühzeitig für einen dreiwöchigen Intensivkurs auf der hinteren Bärenmatte an. Thema: die Capillum-Color-Doctrina.

Bei dieser uralten Wissenschaft geht es darum, von der Haarfarbe eines Menschen auf seine Wesensart zu schliessen. Damit dieses Wissen nicht nur einem kleinen Kreis von Gelehrten vorbehalten bleibt, habe ich mich dazu entschieden, das Gelernte hier weiterzugeben: Wir alle wissen, dass blonde Frauen dumm sind. Die Jahrhunderte alte Haarfarbenforschung bestätigt dies nicht nur, nein, sie kommt sogar zum Schluss, dass sie saudumm sind. Ganz im Gegensatz zu den blonden Männern: Die sind erstaunlicherweise überdurchschnittlich intelligent, leiden aber oft unter Fussschweiss und üblem Mundgeruch.

Als Frau ist man da schon besser mit einem braunhaarigen Mann bedient: Diese riechen in der Regel sehr gut und sind zuvorkommend, neigen aber zu riskanten Tätigkeiten wie Freeclimbing und Motorradfahren, da sie ihre langweilige, nichtssagende Haarfarbe mit Mutproben kompensieren müssen. Schwarzhaarige Frauen sind zwar intelligent, haben aber oft Haare auf den Zähnen. Wann immer sie sich als Mann eine Rothaarige angeln können, so tun sie dies. Das Gesicht einer rothaarigen Frau ziert zwar oft eine Hakennase, dafür ist sie aber im Bett feurig und ausdauernd. Gerade deshalb sollten sich rothaarige Frauen nie mit schwarzhaarigen Männern paaren, denn diese neigen zu Impotenz. Mit Abstand am besten schneiden aber grauhaarige Menschen ab, zu denen ich glücklicherweise auch gehöre. Sie sind weise, anständig und zurückhaltend und beschäftigen sich ausschliesslich mit sinnvollen Dingen, wie mit dem Schreiben von Texten, von denen Sie einen gerade gelesen haben.

Endlich glücklich!

Manchmal zahlt es sich doch aus, dass ich keinen Kleber mit der Aufschrift «Keine Werbung!» am Briefkasten habe. Kürzlich fand ich den Prospekt der Do-it-yourself-Abteilung eines Schweizer Grossverteilers in meinem Briefkasten. Gelangweilt blätterte ich durch das Werbeblättchen. Plötzlich geriet mein Atem ins Stocken: Bei den Sanitärartikeln entdeckte ich endlich das Produkt, auf das ich mein Leben lang gewartet hatte.

Es handelt sich um einen Hightech-Dusch-WC-Sitz. Lassen Sie mich aus dem Werbeprospekt zitieren:

«Dusch-WC-Sitz mit Fernbedienung. Montage/Demontage mit wenigen Handgriffen. Aufsetzbar, mit Dusche, Föhn, Geruchsabsaugung und Sitzheizung, alles einstellbar. WC-Sitz und Deckel mit Absenkautomatik.»

Noch nie habe ich von einem genialeren Produkt gehört als von diesem WC-Dusch-Sitz. Und es scheint mir, dass ich mein ganzes Leben lang auf irgendetwas gewartet habe. Ich wusste eigentlich nie genau auf was, ich spürte einfach, dass mir noch etwas fehlt. Und jetzt weiss ich plötzlich, was es war: genau dieser WC-Sitz!

Da ist erstens einmal diese geniale Sitzheizung. Nie mehr muss ich auf dem WC frieren! Dazu kommt diese praktische Dusche. Endlich kommt die Hygiene auch dort zum Zug, wo sie am wichtigsten ist. Doch was wäre die Dusche ohne eine anschliessende Trockenlegung der betroffenen Stellen? Und genau hier kommt dann der sehr leistungsfähige Föhn zum Einsatz. Die Geruchsabsaugung sollte heute in jedem kultivierten Haushalt vorhanden sein und auch einem potentiellen Nachfolger ein unbeschwertes WC-Erlebnis ermöglichen. Das für mich aber absolut kaufentscheidende Feature dieses WC-Sitzes ist die Fernbedienung. Was kann praktischer und schöner sein, als mit einer Fernbedienung in der Hand all die Möglichkeiten dieses WC-Sitzes der Superlative ohne Anstrengung zu erkunden? Der absolute Clou ist aber, dass dieser WC-Sitz im Moment von 1 350.– Franken auf 890.– heruntergesetzt wurde. Es erlaubt unserer Familie nämlich, im Sommer trotzdem in die Ferien zu gehen. Wir haben schon gebucht: Wir fliegen in das sonnige Haiti und übernachten in einem preisgünstigen Viersternehotel an einem wunderbaren Sandstrand. Nach dem verheerenden Erdbeben sind die Hotels besonders preiswert. Jeden Abend erwartet uns ein nach europäischem Geschmack zubereitetes Menu mit sieben Gängen. Wir freuen uns!

Kampf dem Frauenstimmrecht!

Ganze 28 Jahre sind vergangen, seit das Frauenstimmrecht auch im letzten Schweizer Kanton, nämlich in Appenzell, eingeführt wurde. Mit der nötigen zeitlichen Distanz muss man ganz klar sagen: Es war ein katastrophaler Fehler. Wie recht hatten doch damals die warnenden Männer, die klar voraussahen, dass sich die Schweiz durch das Frauenstimmrecht langsam aber sicher ins Verderben stürzen würde.

Ein Blick in die Statistik liefert den schlagenden Beweis: Seit der Einführung des Frauenstimmrechts wurde das Mittelland regelrecht zubetoniert, die Kriminalitätsrate hat sich verdoppelt und der Verkehr ist explodiert. Mal ehrlich: Hatten wir vor dem Frauenstimmrecht ein Flüchtlingsproblem? Gab es da handysüchtige Kinder, riesige Müllberge an Open-Airs? Gab es Klimaerwärmung und stupide, gottlose Techno-Partys? Hatten wir da Umweltprobleme, gab es überall Terroristen? Brauchten wir damals so viele Polizisten? Und auch die Hascher haben extrem zugenommen. Die Liste liesse sich unbegrenzt fortsetzen.

Man muss nur logisch denken. Ist es denn ein Wunder, dass unser Parlament Fehlentscheid um Fehlentscheid fällt? Überlegen Sie mal: Könnten Sie sich als Mann unter all den bildhübschen und extra sexy aufgemachten Parlamentarierinnen konzentrieren? Natürlich nicht! Das verschlägt doch jedem Mann glatt den Verstand! Dabei hätten die Frauen doch im Haushalt und mit den Kindern mehr als genug Sinnvolles zu tun. Aber nein, sie müssen unbedingt dasselbe machen wie wir Männer!

Ich möchte hier klipp und klar betonen, dass ich nichts gegen Frauen habe. Als Beweis kann ich anfügen, dass ich ja selber eine habe. Aber jedes Ding gehört eben an seinen Platz! Und da seit der Einführung des Frauenstimmrechts alles immer schlimmer wurde, gilt es nun, die Notbremse zu ziehen. Aus diesem Grund habe ich eine Initiative zur Abschaffung des Frauenstimmrechts lanciert. Sammelbeginn war der 1. Januar. Jeden Morgen

Da seit der Einführung des Frauenstimmrechts alles immer schlimmer wurde, gilt es nun, die Notbremse zu ziehen.

ausser sonntags stehe ich von 09:00 bis 11:00 Uhr vor dem Manor in Konolfingen und sammle Unterschriften. Zögern Sie nicht, mich aufzusuchen. Es geht um die Rettung der Welt! Selbstverständlich darf die Initiative auch von Frauen unterzeichnet werden. Schlussendlich geht es ja auch sie etwas an. Sollte es dann aber zum Urnengang kommen, wäre ich den Frauen dankbar, wenn sie der Urne fernblieben, damit die Initiative dann auch angenommen wird.

Alles nur ein Traum?

Vor einer Woche traf ich mich wieder mit meinem Freund Manuel zum Bier. Meistens wartet er mir an diesen gemeinsamen Abenden mit irgendeiner Verschwörungstheorie auf, etwas in der Art von: «Die Amis waren gar nie auf dem Mond, das wurde alles nur für die Medien inszeniert».

An jenem Abend aber kam er mit einem völlig neuen Gedanken daher: «Sieh mal, Anton», meinte er, «je länger ich es mir überlege, desto sicherer bin ich, dass das ganze Leben, das wir hier als real empfinden, in Wirklichkeit nur ein Traum ist, aus dem wir eines Tages erwachen werden.» Nach reiflicher Überlegung musste ich ihm tatsächlich zugestehen, dass diese Theorie weder zu bestätigen noch zu widerlegen ist.

Die einzige Möglichkeit, die Traumwelt als solche zu entlarven, besteht darin, quasi gewaltsam aus dem Traum auszubrechen. Manuel und ich möchten das nun in einem gross angelegten Experiment versuchen. Dabei sind wir dringend auf Ihre Hilfe angewiesen. Das kollektive Experiment findet nächsten Dienstag um Punkt 14 Uhr 14 statt. Wo auch immer Sie sich gerade befinden: Stehen Sie auf, strecken Sie den Stinkfinger in die Höhe und schreien Sie so laut Sie können: «Hört auf, mich zu verarschen, das ist doch alles nur ein Traum!» Wichtig ist, dass wirklich alle bei diesem Experiment mithelfen! Egal ob Sie sich als Pilot gerade auf einem Langstreckenflug befinden, als Schüler mitten in einer Mathematikprobe, als Sekretärin in einem Grossraumbüro oder als Kellner in einem Restaurant, als Lehrerin vor der Schulklasse, als Bundesrätin an einer Medienkonferenz oder als Nachrichtensprecher im Fernsehen. Stehen Sie auf, zeigen Sie den Stinkfinger und rufen Sie so laut Sie können: «Hört auf, mich zu verarschen, das ist doch alles nur ein Traum!»

Falls die Menschen um Sie herum nicht reagieren, ist anzunehmen, dass sie noch nicht erwacht sind, also weiter im Traum leben. Versuchen Sie, diese Menschen zu wecken: Organisieren Sie sich einen grossen Eimer und übergiessen Sie ihre Mitmenschen grosszügig mit kaltem Wasser. Als Pilot können Sie versuchen, das Flugzeug abstürzen zu lassen. Sollte Ihnen das gelingen, so ist anzunehmen, dass die ganze Traumtheorie falsch war und wir alle in der Realität leben. Sollte aber Ihre ganze Umgebung um 14 Uhr 14 ebenfalls den Stinkfinger heben und laut schreien: «Hört auf, mich zu verarschen, das ist doch alles nur ein Traum!», dann ist anzunehmen, dass dieser Text sehr viele Leute erreicht hat.

Empty Grave

In meinem Kerngeschäft als Musiker wird die Situation von Jahr zu Jahr schlimmer. Seit dem Aufkommen der Streaming-Dienste wie Spotify lässt sich mit CDs kaum mehr Geld verdienen. Bei den Live-Konzerten sieht es nicht viel besser aus. Es wird immer schwieriger, die Menschen an Konzerte zu locken. Zudem ist das Überangebot an Bands gigantisch. Des Weitern haben sich die Gagen in den letzten zehn Jahren praktisch halbiert.

Kurz, meine Existenz ist mittlerweile hinten und vorne nicht mehr gesichert und ich musste mir ernsthaft Gedanken über meine berufliche Zukunft machen. Kürzlich habe ich deshalb unter dem Namen «Empty Grave» eine Firma gegründet, die ich hier kurz vorstellen möchte. Zwar schreibt der journalistische Kodex vor, dass Eigenwerbung tabu ist. Da der Verlag aber junge, dynamische Start-up-Unternehmen unterstützen will, hat er mir ausnahmsweise erlaubt, an dieser Stelle meine neue Firma kurz vorzustellen. Unter dem Namen «Empty Grave» (zu deutsch «leeres Grab») habe ich im Handelsregister anfangs Februar mein neues Unternehmen eintragen lassen.

Ziel und Zweck des Unternehmens ist es, Gräber vor Grabräubern zu schützen, also sogenannte «Empty Graves» zu verhindern. Dabei gibt es je nach Budget des Kunden verschiedene Module. Die kostengünstigste Variante ist die von uns entwickelte Grabschreck-Variante: Sollte sich jemand dem Grab nähern, wird mittels Lichtschranke über versteckte Lautsprecher Todesgestöhn wiedergegeben. Der grosse Nachteil: Auch Trauernde können durch dieses Gestöhne zu Tode erschreckt werden. Viel effektiver ist aber die Grabbewachung durch unser speziell geschultes Personal. Auch hier kann je nach Budget zwischen der Version Light und Comfort gewählt werden. In der Light-Version wird das Grab nur an Wochenenden und Feiertagen bewacht. Da die meisten Grabräuber noch anderen Berufen nachgehen, sind dies die Tage, an denen sie am häufigsten zuschlagen.

Bei der Version Comfort wird das Grab sieben Tage die Woche rund um die Uhr bewacht. Alle Tarife finden sie übrigens bequem auf unserer Homepage: www.emptygrave.ch. Falls auch

Die kostengünstigste Variante ist die von uns entwickelte Grabschreck-Variante.

Sie sich vor Grabräubern schützen möchten, zögern Sie nicht, mit uns Kontakt aufzunehmen. Gern schliessen wir Verträge auch vor dem Hinschied ab. Ich bin überzeugt, eine todsichere Marktlücke entdeckt zu haben und wünsche meinem Unternehmen an dieser Stelle viel Glück!

Leben im Fass

Im Geschichtsunterricht hat sie mich gelangweilt, die griechische Mythologie, ihre Götter und die dazugehörenden Philosophien. Doch das hat sich gehörig geändert. Fast täglich kommt mir heutzutage der Philosoph und Lebenskünstler Diogenes in den Sinn. Er vertrat die Ansicht, dass nur jemand richtig glücklich sein kann, der sich erstens von überflüssigen Bedürfnissen freimacht und zweitens unabhängig von äusseren Zwängen ist. Diogenes anerkannte ausschliesslich die Elementarbedürfnisse nach Essen, Trinken, Kleidung, Behausung und Sex. Alle darüber hinausgehenden Bedürfnisse solle man ablegen.

Konsequent, wie Diogenes nun einmal war, führte er ein äusserst einfaches Leben und lebte in einem Fass! Je älter ich werde, desto sicherer bin ich, dass ich in absehbarer Zeit selbst ins Fass umziehen werde, um nie mehr einer geordneten Arbeit nachzugehen, Rechnungen zu bezahlen, mir Sorgen über steigende Fixkosten zu machen, Parkbussen zu bezahlen, Steuererklärungen auszufüllen, Reiseannulationsversicherungen abzuschliessen, Boiler zu entkalken, Autos prüfbereit zu stellen, Abgastests zu veranlassen, von Telefonumfragen belästigt zu werden, (Atom-)Stromrechnungen zu bezahlen, TV-Urheberrechts-Gebühren zu zahlen, obwohl ich eh nie TV schaue, oder ein Smartphone, das sich selbst aufhängt, in das Fachgeschäft zu bringen, um vom Verkäufer zu hören: «Dieses Smartphone hat sich selbst aufgehängt». Nie mehr wegen eines mangelhaft funktionierenden Internets in der Telefon-Warteschlaufe der «Swissrise» zu verweilen und mir Folgendes anzuhören: «Guten Tag und herzlich willkommen bei ‹Swissrise›. Aus Qualitätsgründen machen wir Sie darauf aufmerksam, dass dieses Gespräch aufgezeichnet werden kann. Falls Sie Fragen zur Rechnung haben, drücken Sie bitte die 1, usw., falls Sie zu blöd für alles sind, drücken sie die 5 ... wir werden Sie in Kürze mit einem Kundenberater verbinden ... momentan sind leider alle Kundenberaterinnen und -berater besetzt ... wir bitten Sie um einen Moment Geduld ... wir werden Sie in Kürze mit einem Kundenberater verbinden ... momentan sind leider alle Kundenberaterinnen und -berater besetzt ... wir bitten Sie um einen Moment Geduld ... wir werden Sie in Kürze mit einem Kundenberater verbinden ... momentan sind leider alle Kundenberaterinnen und -berater besetzt ... wir bitten Sie um einen Moment Geduld ... Und das Wichtigste: nie mehr zur Dentalhygienikerin zu gehen.

Ich habe mich im Internet schlau gemacht: Ein grosses Fass kostet zwischen 800 und 1500 Franken. Das sollte eigentlich drinliegen.

Jetzt mal ehrlich!

Untersuchungen von Sozialwissenschaftlern haben ergeben, dass der Mensch im Durchschnitt täglich bis zu 200 mal lügt. Doch wie würde die Welt aussehen, wenn wir immer bedingungslos ehrlich wären? Wenn uns zum Beispiel der Nachbar fragt: «Wie gehts?» Und wir antworten: «Zum Kotzen!» Oder wenn uns der Ehepartner am Hochzeitstag fragt: «Bist du schon mal fremd gegangen?» Und wir antworten völlig ehrlich: «Ja, täglich.» Wenn uns der Chef beim Mitarbeitergespräch fragt: «Macht Ihnen die Arbeit immer noch Spass?» Und wir antworten: «Diese Arbeit hat mir noch nie Spass gemacht.»

Lügen können durchaus etwas Positives haben. Wenn uns zum Beispiel die Grossmutter an ihrem 95. Geburtstag einen total versalzenen Hackbraten serviert und fragt: «Na, schmeckts?», so ist die Antwort «Ja, ausgezeichnet, wie immer» durchaus berechtigt, vor allem dann, wenn man annehmen muss, dass es ihr letzter Geburtstag und somit auch ihr letzter Hackbraten sein wird.

Auch den Politikern können wir durchaus dankbar sein, dass sie uns oft belügen. Wie schön ist es doch zu glauben, dass unsere Renten sicher sind und es keinen Klimawandel gibt. Doch Lügen haben bekanntlich kurze Beine. Deshalb halte ich es persönlich ausnahmslos mit der Ehrlichkeit: Da mein Leben immer total erfolgreich und absolut problemlos verlief, habe ich ja auch keinen Grund, jemanden anzulügen oder mich durch Falschaussagen besser darzustellen, als ich bin. Schon als Kind lief bei mir alles problemlos. So hatte ich beispielsweise kein einziges Mal Streit mit Spielkameraden oder gar Geschwistern. Die Schule hat mir immer extrem Spass gemacht. Ich kann mich auch nicht erinnern, jemals Hausaufgaben gemacht zu haben. Wozu auch? Der Schulstoff wurde ja schon in den Lektionen erklärt. Die Matura schaffte ich dann mit Auszeichnung. Später haben sich dann meine CDs ausnahmslos in den oberen Rängen der Charts festgehakt und da floss natürlich immer sehr viel Geld.

Geldsorgen, geschweige denn existentielle Ängste sind mir absolut fremd. Alle meine Rechnungen habe ich immer pünktlich bezahlt. In 54 Jahren erhielt ich keine einzige Mahnung. Beziehungsprobleme kenne ich auch nicht, was wahrscheinlich damit zusammenhängt, dass ich immer extrem ausgeglichen bin. Mein Erfolg beim anderen Geschlecht liegt vielleicht nicht zuletzt auch an meinem Äusseren: Erst kürzlich habe ich wieder einen internationalen Schönheitswettbewerb gewonnen.

Seltsam

Ich muss Ihnen leider berichten, dass bei mir seltsame Dinge geschehen. Zum Beispiel lege ich meinen grünen Kugelschreiber immer neben den Computer auf den Schreibtisch und plötzlich ist er nicht mehr da. Ich denke, er wurde gestohlen, doch am nächsten Tag finde ich ihn plötzlich im Schlafzimmer. Sofort verdächtigte ich meine Putzfrau. Es ist eine illegale Einwanderin aus Moldavien, die schwarz für mich arbeitet. Sie kann ja froh sein, einen Job zu haben, und immerhin zahle ich ihr neun Franken pro Stunde. Dafür zeige ich sie auch nicht bei der Polizei an. Sie putzt gut, aber ich frage mich je länger je mehr, was für ein Interesse sie daran haben könnte, meinen Kugelschreiber vom Büro ins Schlafzimmer zu legen? Will sie mich ärgern? Dann hat sie ihr Ziel erreicht. Diese ewige Sucherei macht mich nämlich fuchsteufelswild.

Etwas Ähnliches wie mit dem Kugelschreiber, ist mir jetzt auch schon zweimal mit meinem Handy passiert. Ich wusste genau, dass ich es auf meinem Esszimmertisch deponiert hatte und fand es nach langer Suche plötzlich im Bad. Und ich frage mich: Wer hat ein Interesse daran, mein Handy vom Esszimmertisch ins Bad zu legen? Erstaunlicherweise ist dies in Zeiträumen geschehen, wo die Moldavierin gar nicht zum Putzen hätte kommen sollen. Und ich frage mich: Putzt die wohl mehr, als mir lieb ist? Die Wohnung kam mir in letzter Zeit nämlich verdächtig sauber vor. Da die Frau selbständig reinkommen kann, ist es nicht ausgeschlossen, dass sie hinter allem steckt. Also entweder leidet die gute Dame unter einem Putzzwang, oder es kommen noch weitere Personen unbefugt in meine Wohnung rein.

Bitte behalten Sie es für sich: Mein Zweitschlüssel liegt immer in einer lange getragenen Socke im Milchchäschtli. Irgendjemand muss wissen, wo sich mein Schlüssel befindet, obwohl ich das noch gar nie jemandem erzählt habe. Professionelle Einbrecher kann ich ausschliessen. Die würden ja Dinge stehlen und sie nicht einfach an einen falschen Ort legen. Und ich frage mich: Wie krank muss jemand sein, in eine fremde Wohnung einzudringen, um einfach Dinge von A nach B zu befördern? Ich

Bitte behalten Sie es für sich: Mein Zweitschlüssel liegt immer in einer lange getragenen Socke im Milchchäschtli.

kann nur hoffen, dass ich diesen Idioten einmal auf frischer Tat erwische. Dann sieht es aber nicht gut aus für diesen Eindringling, das kann ich Ihnen garantieren. Liebe Leserinnen, liebe Leser, machen Sie ähnliche Beobachtungen? Ich würde mich gerne einmal darüber austauschen.

Wo ist Walter?

Ein Freund ruft mich an: «Hast du gesehen, Bob Dylan spielt im Hallenstadion Zürich, kommst du auch mit?» Nach kurzem Überlegen sage ich zu. Den berühmtesten Liedermacher aller Zeiten will ich mir nicht entgehen lassen. Die Ticket-Preise sind mit 99 Franken stolz. Eine Woche vor dem Konzert erhalte ich vom Ticket-Service eine Mail mit den detaillierten Sicherheitsvorkehrungen. Unter anderem sei es verboten, Feuerwerk, Tiere sowie Waffen mitzuführen. Eine erste Enttäuschung macht sich breit: Wie gern hätte ich doch dieses Konzerterlebnis auch meiner Deutschen Dogge sowie den beiden Katzen gegönnt. Zudem wäre es eine ideale Gelegenheit gewesen, meine stetig wachsende Waffensammlung den Kollegen zu präsentieren.

Frühzeitig treffen wir am Konzertort ein. Als wir unsere Sitzplätze gefunden haben, realisiere ich, dass wir uns leider gefühlt unendlich weit von der Bühne befinden. Der Konzertbeginn ist gar nicht so klar auszumachen. Es klingt eher wie ein Soundcheck einer Schülerband. Ein Brei aus undefinierbaren Klängen terrorisiert unsere Trommelfelle. Nach einer Ewigkeit verbessert sich der Mix etwas, wobei der ganze Sound höhenlastig bleibt und der Bass zumindest auf unseren Plätzen nie wirklich zu hören ist. Auf der Bühne entdecken wir ungefähr daumengrosse Gestalten. Und nun beginnt der spannendste Teil des ganzen Konzertes: das Spiel «Wo ist Walter?». Oder besser: Wo ist Bob Dylan? Die wildesten Spekulationen machen sich breit: Ist es der ganz links oder der ganz rechts, oder etwa der in der Mitte? Es muss ja der sein, der singt. Aber von unseren Plätzen ist es fast unmöglich zu sehen, wer eigentlich singt. Nur in einem sind wir uns einig: Da singt tatsächlich Dylan, den nur er hat diese quengelnde, gleichzeitig nasale und grollende Stimme, die klingt wie ein sterbendes Walross. Nach längeren Diskussionen einigen wir uns darauf, dass es der ganz rechts am Piano sein muss. Nobelpreisträger Dylan scheint es nicht nötig zu haben, irgendein Wort ans Publikum zu richten, geschweige denn seine Band vorzustellen. Die immer kitschiger werdenden Songs erinnern zeitweise an eine billige Hotelband. Und ich stelle fest: Ich bin am Leiden. Aber ich möchte auf keinen Fall meinen Kollegen das Konzerterlebnis vermiesen. Erlöst werde ich, als mir meine Freundin ins Ohr flüstert: «Ich möchte raus.» Wie ferngesteuert verlassen wir alle gemeinsam das Stadion und nippen kurz darauf, leicht irritiert, an einem kühlen Bier. Wir sind alle sehr enttäuscht von diesem himmeltraurigen Konzert, und trotzdem gibt es etwas Positives zu berichten: Wir haben Walter gefunden!

Soll ich nach Bern?

Alles fing damit an, dass mich mein Freund Reto vor drei Wochen gefragt hat, ob ich mit ihm am 14. Juni nach Bern gehe. Seither ist mein inneres Gleichgewicht aus dem Lot. Einerseits reizt mich die Idee, einmal eine Grossstadt zu besuchen. Sicher auch, weil ich noch nie dort war und ich schon viel über Bern gehört habe. Andererseits macht mir dieses Abenteuer ehrlich gesagt auch etwas Angst, noch ehrlicher gesagt, sehr Angst. Ich hatte sogar schon mehrere schlaflose Nächte deswegen. Im Internet habe ich gelesen, dass es dort Bären gibt. Ich bin sonst nicht so der ängstliche Typ, aber so was liest man schon nicht gern!

Wenn ich mir schon die Mühe nehme, einen Tag lang eine Stadt zu besuchen, was mich sicher auch viel Geld kosten wird, so sollte dies doch irgendwie auch Spass machen. Aber wenn ich mir vorstelle, dass ich dann den ganzen Tag unter Stress stehe, immer in der Angst, ein Bär könnte um die nächste Ecke kommen, ergibt das Ganze keinen Sinn.

Ich weiss aber auch, dass es viele tolle Läden gibt. Geschäfte mit farbigen Kleidern, die man weder in Langnau noch in Escholzmatt je zu Gesicht bekäme. Zudem hat mir Reto von extrem modern eingerichteten Tea-Rooms erzählt. Man muss nur aufpassen, dass sie einem keine Drogen oder K.O.-Tropfen in das Getränk geben. Am besten bestellt man gleich an der Theke, dann kann man das Personal beobachten.

Ich frage mich auch, ob ich mich bewaffnen soll. Es sind ja nicht nur die Bären, von denen in dieser Stadt Gefahr ausgeht. Am Bahnhof soll es viele Randständige haben. Und rund um die Reitschule sei es gefährlicher als im Wilden Westen. Vergewaltigung, Raub, Totschlag sind dort an der Tagesordnung. Gut, ich glaube jetzt nicht, dass jemand mich, einen 53 Jahre alten Mann vergewaltigen würde. Man sollte sowieso nicht gleich alles glauben, was die Leute so erzählen. Aber man kann ja nie wissen. Jedenfalls habe ich auch gelesen, dass die meisten Straftaten nach 22:00 Uhr geschehen und dann wäre ich ja längst wieder zu Hause.

Was raten Sie mir, liebe Leserin, lieber Leser? Würden Sie sich dem Risiko aussetzen? Wissen Sie von zusätzlichen Gefahren oder waren Sie am Ende sogar schon selbst einmal dort? Oder kennen Sie jemanden, der schon in Bern war, vielleicht sogar jemanden, der dort lebt? Scheuen Sie sich nicht, mit mir Kontakt aufzunehmen. Ich bin für jede Information und jeden Tipp dankbar.

Das
Schluss-AntWort

So lasse ich Sie nun wohl oder übel wieder ziehen, in die sogenannt reale Welt. Dabei mache ich mir echt etwas Sorgen: Ich vermute nämlich, dass Ihnen die reale Welt mit ihrer ganzen Absurdität noch weit mehr zusetzen wird als der Inhalt dieses Buches. Sie tun mir leid! Am liebsten würde ich Sie wie ein Vater an der Hand nehmen und persönlich durch diese irre Welt führen. Aber mir fehlt die Kapazität: Bei mir stehen nämlich Gartenarbeiten an.

Doch zumindest etwas ist tröstlich: Es scheint eine Art ausgleichende Gerechtigkeit zu geben, denn es geht uns ja allen gleich; jede und jeder wird mit den Absurditäten der Welt konfrontiert. Und wenn die Welt schon absurd ist, dann ist sie – wenigstens in diesem Punkt – gerecht.

Foto: Peter Mosimann

Anton Brüschweiler (* 1963 in Bern) besuchte einige Semester Germanistik und Philosophie an der Universität Bern. Anschliessend studierte er Gitarre an der Musikhochschule Luzern und schloss sein Studium 1995 ab. Anton gründete zahlreiche Bands darunter «Pünktchen & Anton», «Die Hellen Barden» und «Anton and The Headcleaners». Mittlerweile sind zehn CDs mit seinen Kompositionen erschienen. Seit 2008 schreibt er regelmässig Kolumnen für eine Wochenzeitung. Als bekennender Kulturfanatiker leitet er zudem seit über 20 Jahren das Kulturlokal «Chäsi Gysenstein» im Emmental, wo er auch wohnt.

www.antonline.ch • www.chäsigysenstein.ch

Bücher aus der edition Zeitpunkt

«Es wird auf der Welt keinen Frieden geben, solange in der Liebe Krieg ist.»
Dieser Satz der Journalistin und Friedensaktivistin Leila Dregger ist buchstäblich um die Welt gegangen.
Und dies ist die bewegende Geschichte einer Frau, die sich nicht geschont hat, erst recht nicht beim Schreiben dieses Buches. Ihre Geschichte ist ein Zeugnis dafür, dass die Kraft wächst, wenn man sie braucht.

Leila Dregger: Frau-Sein allein genügt nicht – mein Weg als Aktivistin für Frieden und Liebe. 2017. 196 Seiten. CHF 19.–/ EUR 17.–.

Hier ist ein Mensch, der lebt, was er denkt, und tut, was er sagt. Die «aphoristische Denkprosa» von Erwin Jakob Schatzmann ist nicht das Resultat endloser Grübelei oder gestauter Wut, sondern das Ergebnis eines kompromisslosen Lebens. In seinem «Morgenland», einem Hüttendorf am Rande von Winterthur, arbeitet der Maler und Bildhauer frei nach dem Motto: «Wer Kunst macht, macht; er macht nicht mit.» So entstand ein Werk, das er als «phantastischen Heimatstil» bezeichnet, als «Kunst eines Volkes, das es noch nicht gibt». Wie dieses Volk denkt, zu dem wir alle gehören könnten, fasst ein weiteres Stück Denkprosa aus Schatzmanns Schreibmaschine zusammen: «Dein Leiden interessiert niemanden – nur deine Antwort darauf.»
395 weitere Antworten gibt es in «unverblümt» zu entdecken. Schatzmann hat internationales Format, im besten Sinne des Wortes: «Es ist egal, welcher Nation du angehörst, Hauptsache nicht der Resig-Nation.»

Erwin Jakob Schatzmann: unverblümt – aphoristische Denkprosa. 2. Aufl. 2016. 148 Seiten, mit 13 ganzseitigen farb. Abb. geb. Fr. 18.–/€ 16.–.

Das nächste Geld

Die privaten Banken schöpfen Geld, jedes Mal, wenn sie einen Kredit verleihen. Damit entsteht aus dem Nichts ein Guthaben, das gleich bleibt und eine Forderung, die mit dem Zins ständig wächst. Deshalb sind die Schulden weltweit heute so groß, dass sie mit der gesamten vorhandenen Geldmenge nicht mehr bezahlt werden können.

Der Autor erklärt eingängig und scharf, wo die Systemfehler des Geldes liegen, wie sie in der Geschichte wirkten und wie sie behoben werden können. Die Überwindung des kollektiven Irrtums ist möglich, aber es braucht ein breites Verständnis des Geldes und einen demokratischen Aufbruch. Dieses Buch liefert die Grundlagen.

Christoph Pfluger: Das nächste Geld – die zehn Fallgruben des Geldsystems und wie wir sie überwinden. 3. rev. Aufl. 2016. 256 S., Fr. 23.–/€ 21.– ISBN: 978-3-9523955-3-0

Sie sah mehr als die Messgeräte.

Mit 17 entdeckte Cornelia Hesse-Honegger als junge Illustratorin Fehler in einer wissenschaftlichen Arbeit. Nach Tschernobyl entdeckte sie, dass die Natur rund um Atomanlagen voll von verkrüppelten Lebewesen ist. Mit ihren Zeichnungen öffnete sie der Welt die Augen für die zerstörerische Macht der angeblich schwachen Strahlung. Doch die Wissenschaft wollte nicht hinsehen, sondern vertraute ihren Grenzwerten.

Dann machte sich Cornelia Hesse-Honegger auf die Reise zu den Hotspots der Atomgeschichte, zeichnete Wanzen, sammelte Daten, schloss Freundschaften und legt nun ihre bewegende Geschichte vor. Es ist die Geschichte der grossen Hoffnung, die Macht der schwachen Strahlung und des grossen Geldes zu brechen. Es ist auch unsere Geschichte, die wir immer noch zu einem guten Ende führen können..

Cornelia Hesse-Honegger: Die Macht der schwachen Strahlung – was uns die Atomindustrie verschweigt. 2016. 232 Seiten. Mit 20 ganzseitigen, farbigen Abb., geb. CHF 29.–/EUR 26.–.

Die Titel der edition Zeitpunkt sind im Buchhandel oder über edition.zeitpunkt.ch erhältlich. Bei Bestellung über unsere Website wird den Autoren das doppelte Autorenhonorar vergütet.

Veränderungen kann man nicht bestellen,

aber die Anregungen dazu!

Der Zeitpunkt ist die gepflegte Alternative zur Gleichschaltung der Massenmedien. Er bietet Journalismus mit Kopf, Herz und Hand für intelligente Optimistinnen und konstruktive Skeptiker. Er putzt trübe Scheiben, macht Mut und vernetzt mit Organisationen, in denen Pioniergeist weht.

Der Zeitpunkt erscheint zweimonatlich und zeigt, wie die grossen Schwierigkeiten dieser Zeit zur grossen Chance werden.

Einzelnummer: Fr. 10.–/€ 10.–. Der Abobeitrag wird von den Lesern selbst bestimmt. www.zeitpunkt.ch

Nimm dir ZE!TPUNKT

*Am liebsten würde ich Sie
wie ein Vater an der Hand
nehmen und persönlich
durch diese irre Welt führen.
Aber mir fehlt die Kapazität:
Bei mir stehen nämlich
Gartenarbeiten an.*

Anton Brüschweiler